CONTENTS
BRAIN SPECIAL EDITION

CHAPTER 01／地域のクリエイティブディレクターってどんな仕事？ ……………………… 006
地域にクリエイティブディレクターが続々誕生　その背景は？ ……………………………………… 007
京都府与謝野町×田子學（MTDO） ………………………………………………………………………… 009
高知県佐川町×筧裕介（issue＋design） ………………………………………………………………… 014
福島県×箭内道彦 …………………………………………………………………………………………… 019

CHAPTER 02／自治体×クリエイターで実現　7つの注目プロジェクト …………………… 024
天理市×佐藤オオキ（nendo）「CoFuFun」 ……………………………………………………………… 025
渋谷区×電通ダイバーシティラボ「渋谷区基本構想」 ………………………………………………… 028
燕三条×method×SPREAD「燕三条 工場の祭典」 …………………………………………………… 031
立川市×福永紙工「プレミアム婚姻届」 ………………………………………………………………… 034
地域の仕事の入り口はどこにある？ ……………………………………………………………………… 036
佐世保「九十九島大学」 …………………………………………………………………………………… 038
佐賀県「Saga Dish ＆ Craft」 …………………………………………………………………………… 040
佐賀県「さがデザイン」 …………………………………………………………………………………… 042

CHAPTER 03／クリエイターが語る「地域活性」のデザイン ………………………………… 046
ナガオカケンメイ（D＆DEPARTMENT）「東京視点と地域の魅力を交差させていく」 …………… 047
田中淳一（POPS）「よそ者の視点で見れば地域は発見の宝庫」 …………………………………… 050
菱川勢一（ドローイングアンドマニュアル）「『地方創生』は東京視点の言葉」 …………………… 053
新山直広（TSUGI）「地域の『インタウンデザイナー』として生きていく」 ………………………… 056
羽田純（ROLE）「地元の仕事に真剣に取り組むことが『まちづくり』になる」 …………………… 060
「地域と長く一緒に歩むクリエイターの関わり方」加形拓也（電通）×田中淳一（POPS）×MOTOKO（写真家） …… 062

CONTENTS
BRAIN SPECIAL EDITION

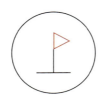

CHAPTER 04／地域企業を盛り上げる広告＆プロジェクト20選		074
愛知県	小牧市 ゆるキャラ「こまき山」	074
九州	JR九州「ドリカム新幹線　SPECIAL LIVE」	075
愛媛県	村田葬儀社 テレビCM「昔話」篇	076
大分県	Webムービー「シンフロ」	077
宮城県	鐘崎「大漁旗」「かねさき」商品パッケージ	078
福岡県	豆腐の盛田屋Webムービー「顔面卓球少女」篇	079
愛媛県	高田引越センター テレビCM「グラビア」篇	080
長崎県	長崎新聞社「長崎は、日本の西海岸だ！」キャンペーン	081
大分県	おんせん県観光誘致協議会「Go!Beppu おおいたへ行こう！」キャンペーン	082
宮城県	宮城県産地魚市場協会 Webムービー	083
北海道	室蘭商工会議所 室蘭観光協会「撮りフェスin室蘭」	084
宮城県	鐘崎「未来の七夕プロジェクト」	085
兵庫県	神戸市 KIITO「ちびっこうべ」	086
九州全県＋沖縄県＋山口県	「九州・山口ワーク・ライフ・バランス推進キャンペーン」	087
愛知県	「愛知県人権啓発ポスター」	088
宮崎県	「ひなたぬくぬくベンチ」	089
福岡県	お仏壇のコガ ポスター	090
富山県	新ブランド「越中富山 技のこわけ」	091
愛知県	中日ドラゴンズ新聞広告「WE LOVE DRAGONS ドアラのカタキをうって」	092
福岡県	スペースワールド テレビCM「所信表明」篇	093

CONTENTS
BRAIN SPECIAL EDITION

CHAPTER 05／地域の経営者×クリエイターのアイデア会議		096
山形県	オリエンタルカーペット×西澤明洋（エイトブランディングデザイン）	096
福岡県	久原本家×水野学（グッドデザインカンパニー）	100
京都府	京都吉祥庵×河野貴伸（FRACTA）	104
石川県	石川県観光戦略推進部×早川和良（TYO Camp KAZ）	108
熊本県	鶴屋百貨店×岸勇希	112
愛知県	大和屋守口漬総本家×平井秀和（ピースグラフィックス）	116
北海道	洋菓子きのとや×鎌田順也（KD）	120
	米夢館×池端宏介（インプロバイド）	122
北陸	ワシントン靴店×大久保浩秀	124
	薄氷本舗 五郎丸屋×宮田裕美詠（STRIDE）	126
	箔一×本田孝夫（デザインオフィス・ティー）	128
甲信越	今代司酒造×白井剛暁（デザインデザイン）	130
	コメ大王×上村俊信（U-WORX）	132
名古屋	青柳×平井秀和（ピースグラフィックス）	134
	ウェスティンナゴヤキャッスル×田中義弘（アイデアクラウド）	136
四国	カラーズウィル×松本幸二（グランドデラックス）	138
	高松琴平電気鉄道×PARK	140
九州	八頭司伝吉本舗×古賀義孝（光画デザイン）	142
	小野原本店×羽山潤一（DEJIMAGRAPH）	144

Art Work By Kentmori

CHAPTER 01

地域のクリエイティブディレクターってどんな仕事?

県や市町村などの地方自治体が「クリエイティブディレクター」や「ブランディングディレクター」を起用するケースが増えている。地域の価値を発信するPRやコミュニケーション開発を担うだけでなく、自治体の総合計画を作り上げるためのパートナーとなり、時には地域に新しい事業を構想するなど、地域の価値自体を高めていくために手腕を発揮する。各地域ではクリエイティブディレクターがどのように活躍しているのか、京都与謝野町、高知県佐川町、福島県の3つのケースを2年にわたって取材した。

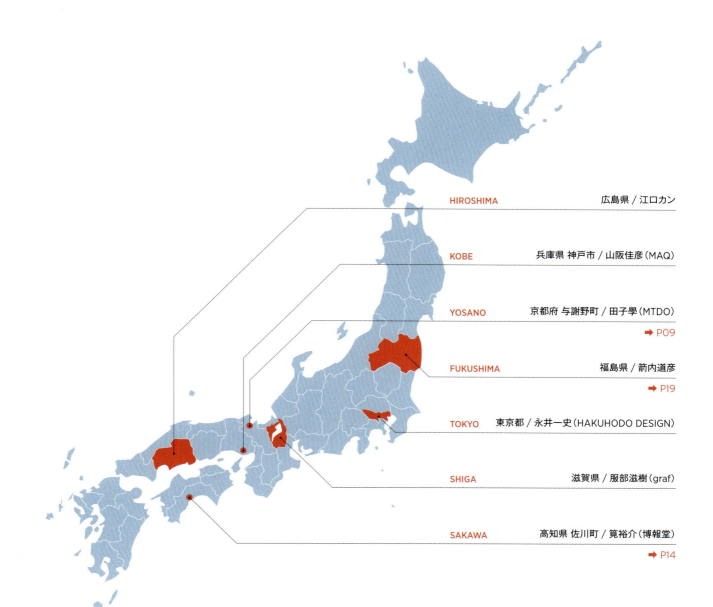

HIROSHIMA	広島県 / 江口カン
KOBE	兵庫県 神戸市 / 山阪佳彦（MAQ）
YOSANO	京都府 与謝野町 / 田子學（MTDO）
	➡ P09
FUKUSHIMA	福島県 / 箭内道彦
	➡ P19
TOKYO	東京都 / 永井一史（HAKUHODO DESIGN）
SHIGA	滋賀県 / 服部滋樹（graf）
SAKAWA	高知県 佐川町 / 筧裕介（博報堂）
	➡ P14

地域のCDが続々登場！その背景は？

ここ数年で、
広告クリエイターや
アートディレクターが
自治体のCDに就任する例が相次いでいる。
その背景には何があるのだろうか。

**企業の課題解決から
自治体の課題解決へ**

　東京都は2015年4月、2020年オリンピック・パラリンピック大会の開催と、さらにその先を見据え、世界の旅行者に選ばれる旅行地としての「東京ブランド」の確立に向けて、「東京のブランディング戦略」を策定した。ブランドコンセプトは「伝統と革新が交差しながら、常に新しいスタイルを生み出すことで、多様な楽しさを約束する街。」。このコンセプトを具現化するロゴ、キャッチフレーズ、ポスター、ブランドブック、映像などの制作にあたり、HAKUHODO DESIGNの永井一史さんに、デザイン全般を監修するクリエイティブディレクターを依頼した。

　それに先立つこと3月には、広告クリエイターの箭内道彦さんが福島県のクリエイティブディレクターに就任することが発表された。

　都道府県だけではない。市町村でも同様の動きがある。京都府の与謝野町ではMTDOの田子學さんが、高知県の佐川町では博報堂の筧裕介さんが、神戸市ではMAQの山阪佳彦さんがそれぞれクリエイティブディレクターに就任している。

　人口減少、高齢化、産業の衰退など、日本の地域はどこも近しい問題を抱えている。そうした中、産業を創出し、雇用を生み出し、外部からの移住化・定住化を促し、観光客を呼び込んでいかなければならない。そ

都道府県の魅力度ランキング

2017年順位（2016）	都道府県名	2017年魅力度（2016）
1位（1）	北海道	60.3（54.2）
2位（2）	京都府	48.9（46.3）
3位（3）	東京都	38.8（35.1）
4位（4）	沖縄県	35.4（32.7）
5位（5）	神奈川県	33.4（30.2）
6位（6）	奈良県	29.1（28.7）
7位（7）	大阪府	27.9（24.1）
8位（10）	福岡県	25.4（21.4）
9位（8）	長野県	25.1（24.0）
10位（9）	石川県	24.4（23.3）

（　）内は2016年の順位および点数

市区町村の魅力度ランキング

2017年順位（2016）	市区町村名	2017年魅力度（2016）
1位（2）	京都市	48.1（45.1）
2位（1）	函館市	47.7（46.8）
3位（3）	札幌市	47.0（43.6）
4位（4）	小樽市	41.3（42.9）
5位（7）	鎌倉市	40.5（38.0）
6位（5）	横浜市	39.7（41.5）
7位（9）	神戸市	38.1（37.0）
8位（8）	金沢市	37.3（37.1）
9位（6）	富良野市	36.5（38.9）
10位（11）	屋久島町	35.5（31.0）

（　）内は2016年の順位および点数

主要な評価項目の上位ランキング（47都道府県）

	1位	2位	3位	4位	5位
認知度	東京都	北海道	京都府	神奈川県	大阪府
魅力度	北海道	京都府	東京都	沖縄県	神奈川県
情報接触度	東京都	北海道	京都府	大阪府	熊本県
居住意欲度	東京都	神奈川県	北海道	京都府	福岡県
観光意欲度	北海道	京都府	沖縄県	奈良県	東京都
食品想起率	北海道	京都府	広島県	香川県	青森県
食品以外想起率	北海道	京都府	石川県	沖縄県、三重県	

主要な評価項目の上位ランキング（1000市区町村）

	1位	2位	3位	4位	5位
認知度	京都市	名古屋市	札幌市	新宿区	神戸市
魅力度	京都市	函館市	札幌市	小樽市	鎌倉市
情報接触度	札幌市	渋谷区	京都市	新宿区	熊本市
居住意欲度	横浜市	神戸市	京都市	鎌倉市	港区
観光意欲度	札幌市	京都市	函館市	小樽市	屋久島町
食品想起率	夕張市	仙台市	札幌市	函館市	名古屋市
食品以外想起率	有田町	伊万里市	輪島市	今治市	益子町

出典：「地域ブランド調査2017」（ブランド総合研究所）
国内1000の市区町村および47都道府県を対象に、全国の消費者に認知度や魅力度、イメージなど全78項目からなる調査を実施（有効回答：3万745人）。

のために、他の自治体にない魅力を発信し、人を動かしていく手立てが求められている。こうした背景から、自治体でもブランディングやマーケティングコミュニケーション施策の必要性が高まっている。

他に先がけてCDを置いた自治体に共通する特徴は、ひとつは震災による危機的状況を経験している神戸や福島のように、こうした課題意識を持つ明確なきっかけがあることだ。もう一つの共通する特徴は、首長が世代交代したばかりで若い、あるいは異種からの転身者であるなど、新しいタイプの首長が率いていること。こうした背景を持つ地域から、CDを置く流れは生まれている。

産業創出から情報発信まで
地域のCDの仕事とは？

では、実際に地域のクリエイティブディレクターたちはどんな仕事に取り組んでいるのか。大きく分けると、①自治体からの情報発信のディレクション②商品開発や産業戦略の立案・コンサルティング③自治体の総合計画の立案・実施のパートナーがあり、この組み合わせであると言えそうだ。

その中でも特に重視されているのが、①の情報発信である。ブランド総合研究所が毎年発表している「地域ブランド調査」によると、地域の魅力度と大きく連関する指標となっているのが「情報接触度」だという。その地域を知っているか、その地域の情報に接したかが魅力度を左右する。例えば、

2014年6月に「富岡製糸場と絹産業遺跡群」の世界文化遺産登録が決定した富岡市は、前年に比べて情報接触度が9.9から40.0に上昇。魅力度の順位も501位から26位に急上昇している。魅力度だけではなく、観光意欲も大きく上昇した。

継続性・一貫性のある情報発信を行い、人々が情報に触れる機会を増やし、好ましいイメージを浸透させていくことが、観光客や移住者の増加、産品の売り上げなどにダイレクトに結びつく。商品開発や産業戦略も、情報設計とセットでスピード感を持って進めて行くことが求められる今の時代だからこそ、自治体にもコミュニケーションのプロであるクリエイティブディレクターが求められるようになっている。

 京都府与謝野町

デザインマネジメントで地域再生に挑む

山添藤真 与謝野町
田子 學 MTDO inc.

全国最年少32歳で当選（2014年当時）した
若き町長が、デザイナーの田子學さんを
クリエイティブディレクターに招き、
故郷与謝野町の地域再生に挑む。
この異色のタッグから、何が生まれようとしているのか。

産業の活性化に
共に取り組むパートナーを求めて

　与謝野町は、京都府北部、日本海に面した丹後半島の付け根に位置する町。人口は約2万3千人。俳人の与謝野蕪村や与謝野鉄幹・晶子のゆかりの地でもある。織物の町として知られ、高級絹織物「丹後ちりめん」はその代表格だ。

　2014年より町長を務める山添藤真さんは、与謝野町出身で、フランスで建築を学んで6年前に帰郷した。かつての賑わいが影をひそめた故郷で、地域再生に取り組むことを決意。与謝野町を支えてきた基幹産業である織物業は、1970年のピーク時の約20分の1の規模にまで下降しており、それがこの地域の最大の社会課題となっていた。「産業の活性化に取り組むことで、町に活気と賑わいを取り戻す」を方針に、町議会議員の時代から活動してきた。

　「与謝野町には、素晴らしいものを作り上げる力があります。与謝野町の作り手は代々独立心が強く、革新性を取り込む精神を持っています。ただ、ものづくりにクリエイティブを掛け合わせ産業を発展させていく、そういう経験をしていない地域です。そんな与謝野町にこそ、デザインの力が必要だと考えました」。建築を長く学んできた山添さんにとって、デザインとは単なる形状の話ではなく、土地の文脈をいかに読み取り、その上で地域の人を巻き込んで建物を輝かせていく、その一連のビジョンと行動を指す。2014年の町長就任後、早々に行ったのが、こうした大きな枠組みでのデザインを考えられるパートナーを探すことだった。

　そして2014年7月、田子學さんと出会う。知人を介して田子さんを知った山添町長自らメールを送り、アポイントを取った。田子さんはこれまでも、モノありきではなくブランディングや戦略を含め、あるべきアウトプットの姿を企業の経営視点から考える「デ

やまぞえ・とうま（右）
与謝野町長。1981年京都府生まれ。2000年京都府立宮津高等学校卒業後、フランスに留学。2004年フランス国立建築大学パリ・マラケ校入学、2008年フランス国立社会科学高等研究院パリ校2年次修了。2010-14年与謝野町議会議員。2014年4月与謝野町長就任。

たご・まなぶ（左）
MTDO inc. 代表取締役。アートディレクター／デザイナー。東芝デザインセンター、リアル・フリートを経て、2008年エムテド設立。幅広い産業分野においてコンセプトメイキングからプロダクトアウトまでをトータルでデザイン、ディレクション、マネジメントし、社会に向けた新しい価値創造を実践している。

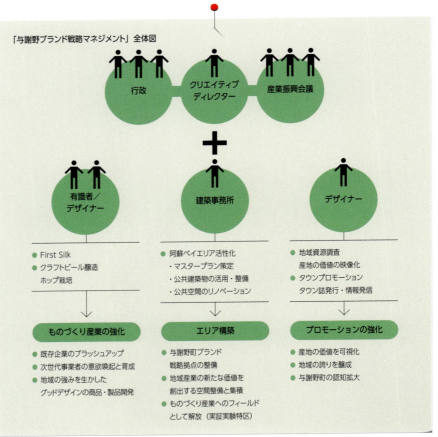
(『広報よさの』資料を基に作成)

ザインマネジメント」を実践してきた。その手法は企業だけではなく、地域や国などの組織でも適合できるはずだと考えていたところへの、与謝野町からのオファーだった。当時を振り返り、「いよいよこうした案件が出てきたと、興味を持ちました。しかし行政の仕事はしたことがなかったから不安もあった。とにかく一度話をしてみようと、実際に会ってみると、『町長』のイメージとはほど遠い人で、これは面白いと。話をうかがって、これは日本を変えるかもしれないチャレンジングな仕事だと、俄然やる気になったんです」。

最初の打ち合わせで、山添町長は町の課題やこれから作っていきたい町の姿については話したものの、具体的に何をしてほしいかについては話していない。「実はそこが興味を持ったところでもあって。回答は持ってきていないけれど、とにかくデザインの力を信じたいんだという気持ちを感じました。わかりやすい答えを最初から求めない。そんな山添さんの創造性にかけてみたいと感じました」（田子さん）。

27年度の与謝野町のテーマは「Grooveする町」

翌月には田子さんに与謝野町に来てもらい、以来、与謝野町の地域再生をどう進めていくべきか、約1年かけてじっくり話し合ってきた。最初の1年は契約という形は取らず、あくまで与謝野町側で大枠を考えつつ、要所要所で田子さんに方向性やキーワードを確認するという形でのスタートだった。

ブレイクスルーをもたらしたのは、話し合いの終盤の時期に出た「GROOVEする町」という言葉だったという。単発の産業支援ではなく、全てを横軸でつなぎながら連続性のある変化を創出していく、という山添町長の思想が込められた言葉だ。「話し合いを重ねてたどり着いた言葉です。こ

れを正式に27年度のテーマにすると聞いた時は、本当に！？と驚きましたが（笑）、この言葉が発表されたことで、関係者全員に『一歩踏み出していいんだ』という認識が生まれたように思います」と田子さんは話す。

こうしてできたのが、与謝野町の27年度主要政策となる「与謝野ブランド戦略マネジメント」（上図）と、3つの柱だ。「ものづくり産業の強化」と、それを情報発信していく「プロモーションの強化」、そして町内外の人にそれを体感してもらうための「エリア構築」である。

2015年3月に町議会で承認を得、田子さんが本格的に参画する枠組みが整った。今年5月には与謝野町で「クリエイティブディレクター就任会見」を実施。6月からは町政懇談会で山添町長が町内を回り、町の人たちへの説明を行い理解を深めてきた。一方、田子さんは地元企業の経営者や金融機関、商工会で構成される産業振興会議に参加し、現場の声を肌で感じながら一気通貫したアプローチに取り組んでいる。「業種横断で、30〜40代の町のプレーヤーたちと直接触れ合えるのがすごくいい。しかも

皆さんとても優秀です。ここから一気に火をつけていきたい」と田子さんは言う。

ホップ栽培が織物業を救う!?事業横断で力を発揮

与謝野ブランド戦略のいくつかの事業は既にプロジェクトとして動き始めている。その一つが、新たな同町の農業ブランドとして期待されるクラフトビール醸造事業だ。近年人気を博している「地ビール」や「クラフトビール」だが、原料のホップは実は海外産がほとんどだ。国内のホップ農家は大手ビール会社と契約しているため、小規模の醸造家は海外ホップを使わざるを得ないという事情がある。だから、与謝野町でホップ栽培が成功し、ビール醸造まで一貫して行えれば、真の意味での「地ビール」が日本に誕生するというわけだ。

「ホップ栽培は数年前にビールの専門家と地元農家から事業提案がありましたが、当時は実現に至りませんでした。就任直後に担当課長と意見交換する中で、この話を知ったんです。日本のホップ栽培は与謝野町がちょうど南限です。成功する保証はない

けれど、与謝野町の農家や農業生産法人ならきっと実現できる。うまくいけばさまざまな経済波及効果を生み出す新事業になる。ならば改めて挑戦してみよう、と考えました」(山添町長)。

つまり、アイデアとしては地元に以前から存在していたということ。田子さんも「こういう話は実は日本中にたくさんあるのではないか」と指摘する。本来、町民一人ひとりに備わっているこうした眠れる創造力を引き出していく。それこそが、デザインマネジメントが目指すものだ。

そして、実はホップ栽培には、世間の注目を与謝野町に集めることで、基幹産業である織物業にも目を向けてもらう狙いがあった。「織物単体で解決策が見つからないのならば、全く違う角度からアプローチしてみればいい」という発想だ。

縦割りではなく全体を見渡し、その中で循環するシステムを考える。「横串を差していくのがクリエイティブの役割です。一気にいろいろなものを見せてもらって、どうシナジーを出していくかの戦略を考えていく。意外と他の自治体や省庁は手をつけられていない部分だからこそ、そこに取り組めているのは非常にエキサイティング」と田子さんは言う。

建築家をパートナーに迎えた
エリア活性化プランも始動

さらに、この9月には「阿蘇ベイエリア」活性化のマスタープランを策定するパートナーとして、隈研吾建築設計事務所と馬場正尊さん率いるOpenAをパートナーに迎えることを発表。阿蘇ベイエリアは、日本三景・天橋立の内海として位置する阿蘇海の湾岸地域であり、江戸時代には北前船の寄港地として丹後地域の繁栄を支えた地域だ。このエリアを与謝野ブランド戦略を体現する地域として再び活性化させ、町内外の人がブランドを体験してもらう場にしていく計画だ。

重点ポイントは3つ。①地場産業のイノベーションと起業へのチャレンジを喚起するリノベーション空間の創出 ②Fun(楽しさ・共感)とFan(ファン)を生む空間の創出 ③エリアの未来を感じさせる「場」づくりと住民の機運醸成。地域住民や与謝野町に思いを寄せる人々とのワークショップを重ねながら、空き家や空き工場をリノベーションし、魅力的なコンテンツの発信を行う場を作っていくという。

「最終的には外に与謝野ブランドを発信していく拠点としていきますが、今は町の人自身に、豊かな暮らしを体現できる場に変えていこうと呼びかけている段階です。実際に行ってみると、美しい景観があるのに、地元の人ほどその魅力に気づいていない。まず自分たちが実感しないと外の人にもアプローチできないはずです」(田子さん)。具体的なアイデアに落としこまれるのはまだ先だが、このエリアで公共空間の新しい使い方を実現し、日本の公共空間そのものをアップデートしていきたいと山添町長も意気込む。

2015年7月には、町職員の募集で「クリエイティブ枠」を設けると発表し(総合的な見地で、政策企画を立案する一般事務職を募集／現在は募集を終了)、驚きを持って受け止められた。「地域に寛容性を育てていくのがキーだと思っています」と山添町長は言う。寛容性とは、多様性に対して、開かれていくこと。いろいろな感性を持った人たちが地域に集い続ける土壌ができてこそ、地域は発展する。つくりたいのは、そうした状況だ。

与謝野の取り組みに対し、町内はもちろん、兵庫や福井など、近隣エリアの若い世代からも注目が高まっている。与謝野町が率先して新しいまちづくりを行っていくことで、周りのエリアも刺激を受け、より広範囲のエリアで新しい文脈が生まれていく。そんな未来像がまさに今、立ち上がろうとしている。

---

01 地域産業の担い手たちを一人ひとりクローズアップしていく動画サイト「織りなす人」。
02 2015年度から始めた、ホップの試験栽培の様子。収穫分を原料に、プロトビールの開発を行い、同年秋に東京で世界初開栓。ホップの産地化を軸に六次産業化を目指す。
03 「阿蘇ベイエリア活性化マスタープラン」の舞台となる阿蘇海の湾岸地域。日本三景・天橋立の内海として位置する景観の美しい場所。

地域のCDの1年後を追う

「みえるまち」の実現へ挑戦と実行を重ねていく

京都府 与謝野町

34歳の町長とMTDOのデザイナー 田子學さんがタッグを組んで地域再生に挑んでいる京都与謝野町。2015年5月にクリエイティブディレクターに就任してから1年強。
与謝野町には、どんな変化があったのだろうか。

**「与謝野ブランド戦略」
4つのプロジェクトを推進**

与謝野町では2015年12月に、町民や関係者を対象とした与謝野ブランド戦略シンポジウムを開催した。ブランド戦略のコンセプト「みえるまち」が発表され、進行中の「阿蘇ベイエリア活性化マスタープラン」の中間報告が行われた。

コンセプト「みえるまち」は、同年から進行中のホップの試験栽培を行う「クラフトビール醸造事業」、「阿蘇ベイエリア活性化マスタープラン」、ものづくりの担い手を動画で配信する「織りなす人」など進行中の各プロジェクトの上位概念として位置づけられるものだ。

与謝野町では3つの「みえる」を掲げている。1つ目は「安心・安全がみえる」。与謝野町は特Aランクの米づくりが行われるなど農業も盛んだが、その元となる肥料の原材料（魚あら、おから、米ぬかなど）も地域産でまかなえることに特徴がある。トレーサビリティが担保できる産地であることは、今後TPPを踏まえた国際競争力の強化を図っていく上でも大切に守るべき点だ。2つ目は「個性がみえる」。職人をはじめものづくりを担う与謝野町の人々は、与謝野町のブランドのいしずえ。彼らを輝かせる環境づくり、情報発信を行っていく。3つ目は「もてなしがみえる」。与謝野ブランドを発信することで、今後この地を訪れたいと考える人は増えていくはず。そのとき、来てくれた人をもてなす場として与謝野町をどう再構築していくか。その中心拠点として阿蘇ベイエリアを位置付けている。

「阿蘇海は景観の美しさで知られていますが、これまで海に入って遊ぶ人はほとんどいませんでした。なぜなら、立ち入りを阻む柵で囲われていたからです。私たちはせっかくの海にふたをしてしまっていたんです。しかし、この秋からはSUPやカヤックが事業化されたり、近接する公園に新たにキャンプエリアが試験的に開放されたりと、海で遊べる体制が整いつつあります。海で遊ぶようになれば、海の保全に意識が行き、海に流れ込む川に、そしてその源流である山へと意識が広がります。町のブランディングは、インターナルの意識づくりとセットで進めていくものだと考えています」と与謝野町クリエイティブディレクターの田子學さんは話す。

**原材料やプロセスに立ち返る
ことで未来の道筋が見えてくる**

この阿蘇ベイエリアの活性化プランを核に、与謝野町では複数のプロジェクトが進行している。ひとつは「京の豆っこ」と呼ば

012 | BRAIN SPECIAL EDITION

与謝野町で進行中の主な4つのプロジェクト

PROJECT 01

1. 阿蘇ベイエリアプロジェクト
阿蘇ベイエリアは、日本三景・天橋立の内海として位置する阿蘇海の湾岸地域。隈研吾建築設計事務所と馬場正尊さん率いるOpenAをパートナーに、昨年度マスタープランが策定された。

PROJECT 02

2. 有機質肥料「京の豆っこ」
おから、米ぬか、魚あらなどを材料に地元で作られる有機質肥料「京の豆っこ」を、安心・安全を伝えるためのコミュニケーションツールとして光を当て、活用する。

PROJECT 03

3. 与謝野クラフトビール醸造事業
ホップ栽培の収量は2年目で約2倍に。今年は5つのブルワリーで与謝野産ホップを使ったクラフトビールを醸造予定。

PROJECT 04

4. 織物産業に関わるリサーチ
織物の原材料である「絹糸」づくりまで立ち戻って打開策を探る。異業種のクリエイターとのコラボレーション企画「YOSANO OPEN TEXTILE PROJECT」など、さまざまな可能性を模索している。

れる与謝野町でのみ作られている有機質肥料。以前からこの地で使われてきた肥料だが、「みえるまち」を体現するプロダクトとして、改めて光を当て、「安心・安全」を伝えるためのコミュニケーションツールとして活用する計画が進んでいる。

「農産物のPRと言えば食べ物という発想になりがちですが、"肥料"という足元にある宝物を田子さんが見つけてくれた。我々だけでは気づかなかった視点です」と山添藤真町長は話す。京の豆っこは、まちの姿勢を伝えるコミュニケーションツールとして外販が計画されている。

そして、数多くのメディアに取り上げられてきた、与謝野クラフトビール醸造事業がある。日本では非常に珍しいフリーランスのホップ生産者組合として、前年比で2倍近い量のホップの収穫に成功。これを国内外の醸造所に販売するほか、クラフトビール文化の普及活動などにより、民間企業による町内でのビール醸造の機運を高め、6次産業化を目指す。前述の有機質肥料と組み合わせれば、「京都与謝野産＋有機栽培」のトレーサビリティを持ったホップとして売り出すことができ、与謝野町のブランドも高められると考えている。

そして、さまざまな角度からリサーチを進めているのが基幹産業である絹織物。与謝野町の織物産業は、ピーク時の30分の1まで生産量が縮小している。「少しでもいい形で次世代につなげていきたい。基幹産業とどのように向き合うかの解決策を見つけることが、積年の課題です。ヒントは『みえるまち』のコンセプト自体にあると思っています。現在国内に流通している絹製品の99%以上は中国やブラジル産の生糸が使われています。もし輸入が途絶えたらどうなるか。その基盤はとてもぜい弱です。だからこそ、織物づくりの前段階である糸づくり（桑栽培、養蚕）に改めて向き合い、高品質の糸づくりに挑戦します。さらに、絹は医療や食への展開の可能性も秘めており、織物に留まらないさまざまな産業への応用展開も見据えています」（山添町長）。「made in Japan」とは何か？を糸一本から考えていくことで、未来につながる道筋が見えてくる。そのためのリサーチを進めながら可能性を探っている段階だ。

町のプレイヤーにも新しい動き
実行と挑戦がよりスピーディに

この1年で住民の意識はどのように変わったのだろうか？「『新しいことをやりたい、挑戦したい』という事業者が圧倒的に増えてきました」と田子さんは話す。2016年3月に、町内のカリスマインテリアショップのオーナーと、建材業や不動産業を営むオーナーが、一般社団法人プレイスを設立。機動力と実行力を持ってアイデアを形にできる民間のまちづくり組織が地元にできた。その他にも町内には意欲的な芽が出てきており、体制が整いつつある。「主体性をどこに置くか」という2年越しの課題にひとつの答えが提示され、さらにブランディングが加速しそうだ。

「とはいえ、今はまだ町民の意識づくりに力を注いでいる段階です。おかげさまで与謝野町の取り組みはさまざまなメディアに取り上げてもらっていますが、町内における目に見える変化はまだまだ追いついていません。色々なところから目が向けられているということを意識しながら、若い首長のイニシアチブをサポートし、挑戦と実行を続けていきたい」（田子さん）。

「GROOVE（グルーヴ）する町」という言葉を掲げてスタートした与謝野町のブランド戦略マネジメント。ものづくりとまちづくりを一気通貫させながら、力強いうねりを生み出している。

与謝野町長 山添藤真さん（左）、MTDOアートディレクター／デザイナー 田子學さん（右）。
photo Ryosuke Iwamoto

01　2015年12月に開催された「与謝野ブランド戦略シンポジウム」の様子。
02　「与謝野ブランド戦略」ブランドサイト。

 高知県佐川町

ソーシャルデザインの手法で町の10年ビジョンをつくる

堀見和道 佐川町長
筧 裕介 issue+design

高知県の人口1万3千人の町、佐川町。2015年9月、この町のクリエイティブディレクターにissue+design(博報堂)の筧裕介さんが就任したことが発表された。

町の経営のパートナーとして指名

佐川町の町長に堀見和道さんが就任したのは2013年10月、約2年前のこと。元々佐川町の出身で、大学卒業後、東京で建築の仕事や静岡でまちづくり事業に携わり、自身のコンサルタント会社を立ち上げたのち、地元にUターンして町長に就任した。

佐川町は、高知市の中西部に位置した温暖湿潤な盆地状の町。お茶や苺、新高梨、文旦などの果物作りが盛んなほか、県を代表する銘酒「司牡丹」の酒蔵を擁する。世界的な植物学者の牧野富太郎博士を輩出するなど「文教のまち」としての側面も持つ。

約1万3千人の人口はゆるやかな減少傾向にあり、その対策や新たな産業の創出などが課題となっていた。これまでの経験から「企業経営も、町の経営もどちらも課題解決」と考えていた堀見町長は、佐川町でも事業改革が必要だと実感。当時の佐川町は、10年ごとに作られる町の総合計画をちょうど新しくする時期を迎えており、共にその計画を作り上げるパートナーとして、博報堂の筧裕介さんに声をかけた。

筧さんは、2008年にソーシャルデザインプロジェクトissue+designを設立し、以降、社会課題解決のためのデザイン領域の研究、実践に取り組んできた実績を持つ。当時コミュニティデザインやソーシャルデザインの考え方に関心を寄せていた堀見町長が、書店で筧さんの著書を見たことがきっかけだったという。

「企業で言えば経営レベルの関わりを求められていると感じました。実際に産業戦略も一緒に考えていて、役場の職員や町民と幾度もワークショップを重ね、佐川町の強みや問題、未来の姿を話し合ってきました。この1年半でプランが固まり、これから外向きに発信、実践していくフェーズに移りつつあるところです」と筧さんは言う。

佐川町の仕事に取り組み始めた当初、筧さんは「総合計画を作る必要はあるのだろうか？」と疑問に思ったという。それは、作ること自体がゴールになってしまうことを危惧したためだ。一般に総合計画では「人口がこのままでは10年後に7000人まで減少するがそれを8000人で留める」といった人口対策の目標が記載されることが多い。だが、人口はあくまで結果であり、それよりも住民が幸せに暮らせる町をどうデザインしていくことが肝要だと考えた。

地域の住民の幸福度を高めることこそ、

人口の流出を防ぎ、出産を後押しする手立てになる。長期計画づくりを町の人たちと一緒に行うため、全16回の「幸せ」を考えるワークショップ「さかわしあわせ会議」を提案、地区別、世代別などさまざまな形で実施した。その結果、500あまりの未来のアイデアが集まり、このアイデアは、翌年4月の「さかわ10年ビジョン（佐川町第五次総合計画）」の発表会でお披露目された。

01

林業とデジタルを組み合わせた新事業

「さかわ10年ビジョン」の最大のテーマは、「自伐型林業」の創出である。自伐型林業とは、いわば"小さな林業"。個人が自分で保有している山林に自ら入って間伐材を切り出し、売るのが自伐型林業だ。森林組合が大型機械を山に入れて大規模伐採をする一般的な林業スタイルと違い、低コストで持続可能、環境への負担も少ない。そもそも、高知の山の半分は個人所有。佐川町では2013年の時点では林業に関わっている人は5、6人しか残っていなかったが、地域おこし協力隊に来てもらい、林業のリーダーとして育成を進めた結果、年に数百万円の収入を上げられるケースも出てきたという。

そして、関連して立ち上げようとしているのが、切り出した木材を使った新しいプロダクトの開発だ。「3Dプリンタなどのデジタルファブリケーションを使ったものづくり革命が、どう地方経済と関わるのかにずっと関心があったんです。佐川町の木材は、これまで主な用途は建材やバイオマス燃料だったのですが、デジタルと組み合わせて先進的なプロダクトを生み出すことも佐川町の産業の一つの柱にできたらと考えました」（筧さん）。

こうして試作品として完成したのが、2015年5月に発表された"勉強したくなる机"こと、「Wr.iteMore」である。スマートフォンとつないだ木のボードの上で文字を書くと、内部のマイクが音を拾い筆記音を増幅してスピーカーから出力する。聴覚が刺激され、文字や絵を書くときの集中力や作業効率を高める効果があるという、東京大学苗村研究室の研究成果が元になっている。

例えば、自伐型林業で切り出した木材を使い、クラウドファンディングで資金を調達してものを作り、ネット上の個人取引マーケットで販売する。小さな経済の積み重ねで新しい産業をつくり、佐川町に暮らす人を増やしていく。そんな未来を描く。

次の世代を育てる「佐川ものづくり大学」

さらに、来春には「佐川ものづくり大学」を町内に開校する予定だ。江戸時代の建物を改造し、デジタルファブリケーションを使ったワークショップを町の若い世代や移住者と共に行う。また、小学校の授業にも、デザインと木工とプログラミングを学ぶ時間をつくる計画を進めている。前者は数年内の新しい産業づくりを、後者は十年で次の世代を育てる狙いがある。高知大学や高知県立大学の学生に佐川町を舞台にした地域課題解決の研究を呼びかけ、高知工科大学とはものづくり教育に共に取り組むなど、地元の大学との連携にも積極的だ。

2016年4月の「さかわ10年ビジョン」発表会では、商品や観光施策、小学校教育などの具体的な未来アクションが示された。「広告会社の仕事の範囲がどんどん経営の上流に及ぶ中で、自治体でも同様の動きが起きています。ただし、自治体と言っても、県と町で規模は全く異なる。町という規模だからこそ、トップリーダーと向き合って町全体をクリエイションしていく視点での仕事が可能なのだと思います」（筧さん）。この取り組みを成功させ、佐川町の地域創生を「佐川モデル」として確立したいと考えている。

02

---

01 佐川町の木材とデジタルファブリケーションの組み合わせから生まれた「Wr.iteMore」。コンセプトは「勉強したくなる机」。筆記音（カリカリ・ガリガリ）を増幅することで、集中力が高まる。
02 町民と「幸せ」を考えるためのワークショップ、「さかわしあわせ会議」。

ほりみ・かずみち（右）
1968年高知県佐川町生まれ。東京大学を卒業後、新日本製鐵ほかを経て、2000年に堀見総合研究所設立（のちに堀見和道まちづくり研究所）。2013年佐川町にUターンし町長に就任。

かけい・ゆうすけ（左）
1975年生まれ。一橋大学社会学部卒業。東京大学大学院工学系研究科修了（工学博士）。2008年ソーシャルデザインプロジェクトissue+design設立。以降、社会課題解決のためのデザイン領域の研究、実践に取り組む。

地域のCDの1年後を追う

クリエイティブな
アクションが
町を変えていく

高知県 佐川町

2015年9月、高知県 佐川町のクリエイティブディレクターに就任したissue＋design（博報堂）の筧裕介さん。人口1万人3千人の町にデジタルファブリケーションの工房を開設し、作り手を育成するプログラムを実施するなど、新しい取り組みを次々と進めている。

01 02 03 04

デザインとデジタルで
産業を盛り上げる

「総合計画を住民と一緒につくりたい」。佐川町の堀見和道町長がそう言って、issue＋designの筧裕介さんの元を訪れたのは2013年末のこと。それから2年あまりが経ち、2016年4月、佐川町の総合計画『みんなでつくる総合計画』が完成した。

この総合政策には、25の佐川の未来像が提示されている。「まちまるごと植物園」「みんなの寺子屋」「さかわ戦隊キコリンジャー」など。佐川町で全18回のワークショップを行い、そこから457のアクションを考案、それを25の未来像に落とし込んだものだ。

佐川町は「自伐型林業」の創出を、向こう10年のテーマに掲げている。自伐型林業とは、個人が自分で保有する山林に入って間伐材を切り出して売る"小さな林業"だ。大規模伐採型の林業に比べ、低コストで持続可能、環境への負担も少ない。そこにデジタルファブリケーションを使ったものづくり革命を掛け合わせ、先進的プロダクトを開発する。大量生産品と個人のDIYの間にある、中小規模の生産者を多数生むことで新しい産業を創出しようとするチャレンジである。

2016年5月にオープンした「さかわ発明ラボ」はその拠点となる場所だ。レーザーカッターやデジタルミシンなど、多様なデジタルファブリケーション機器と、その扱いに精通したスタッフが在籍している。「デザインとデジタルは地方創生の中心だと僕は考えています。自伐型林業で伐採される、細かい多様な木材は、デジタルファブリケーションと組み合わせることで商品価値を高められると考えているんです」と筧さんはその狙いを話す。

この発明ラボを最大限活用してもらうため、町民や子どもたちを対象にしたワークショップも行っている。例えば町民向けの「公園ベンチづくりワークショップ」。町民憩いの場・牧野公園にどんなベンチがあったらいいかを考え、プロトタイプを制作し、それを3Dデータに変換して切削機械で切り出し組み立てるところまで、一通りの流れを経験する。

佐川町立小学校の6年生を対象にしたワークショップ「ロボット動物園」は全10回。次世代の佐川を支える子どもたちが新しいものづくりやデザイン、プログラミングに親しみ熱中するきっかけになるようにと企画された。こうした作り手を育てる取り組みを同時に進めることによって、「町の中にクリエイターを増やしていきたい」と筧さんは言う。

さらに、外部からさかわ発明ラボに勤務する「発明職」スタッフを前年に引き続いて

issue + design 筧裕介さん

01 さかわ発明ラボの様子。
02 町民向け「公園ベンチづくりワークショップ」。
03 佐川町の木材とデジタルファブリケーションの組み合わせから生まれたプロダクト第1号「Write More」は、今では佐川町のふるさと納税の返礼品にもなっている。
04 自伐型農業の担い手たち。愛称は「キコリンジャー」。最近は「林業女子」も加わり、そのすそ野は広がっている。
05 小学6年生向け「ロボット動物園」ワークショップ。自分で飾り付けをしたロボットにプログラミングで独自の動きを入力し、完成させるプログラム。
06 佐川町の総合計画は『みんなでつくる総合計画－高知県佐川町流ソーシャルデザイン－』(大伸社)として書籍化、販売されている。

公募。今年はアーティスト、デザイナー、エンジニアなどから応募があり、そのインターンシップ&採用説明会である「さかわ発明キャンプ」を10月に開催する。こうして外部からもクリエイティブの要素を持った人材を受け入れている。

**これからの10年で
描いた未来を実現していく**

「3年関わって佐川町は本当に変わったと思う」と筧さんは言う。「まず町役場の人が変わりました。皆さん表情が明るくなって、役場の中でも笑い声がよく聞こえるようになりました。住民の皆さんも同じです。堀見町長は『3期は町長をやらせていただきたい』と言っていますから、僕も10年は一緒にやるつもりです。やることはいくらでもある。発明ラボは3年で基礎をつくり、自走できるようにし、自分は次のプロジェクトを手がけていきたいと考ええています」。佐川町は、日本の植物学の父と呼ばれる牧野富太郎博士が生まれた町でもある。博士が桜を寄贈した牧野公園のみならず、町のあちこちのお店や住宅の軒先で植物が育てられるようにし、街全体をまるごと植物園のようにしたらどうか。そんなことも考えている。

これまで数々の地域活性やまちづくりのプロジェクトに関わってきた筧さんに改めて「地方創生のプロジェクトで重要なこと」を聞くと、「中長期ビジョンがあること」「そのためのクリエイティブなアクションに落とし込むこと」「それを地域のコミュニティを巻き込みながら実現すること」という答えが返ってきた。佐川町の総合計画は、その名の通り「みんなが主役」のまちづくり計画。これからの10年で、佐川町の住人と共に描いた未来を実現するべく取り組んでいく。

BRAIN SPECIAL EDITION | 017

ブレーン

クリエイターを刺激する最新情報を毎月お届け！
年間定期購読のご案内

「広告クリエイティブ」の専門誌

マーケティングコミュニケーションに関わるあらゆるクリエイティブを掲載

「人に伝える」
「人を動かす」
クリエイティブの
ヒントが満載

注目特集
・地域活性化のクリエイティブ
・社会課題の解決に挑むプロジェクト
・テクノロジーで進化する広告表現
・企画書プレゼン　ほか

強力連載
・青山デザイン会議
・地域の広告・プロジェクト
・名作コピーの時間
・デザインの見方

年間定期購読特典
・デジタル版が無料、過去記事読み放題
・宣伝会議の各種イベントへの参加無料

バックナンバー好評発売中！

月刊『ブレーン』毎月1日発売　定価1,300円（税込）　雑誌コード 07899　https://www.sendenkaigi.com/books/brain/

 福島県

福島県の情報発信にトータルな視点を通していく仕事

箭内道彦

2015年4月1日より
「福島県クリエイティブディレクター」に
就任した箭内道彦さん。
広告クリエイターが
自治体のCDに就任する先駆けとなった。
以前から音楽フェスやテレビ番組など
福島県に関わる仕事をしてきたが、
CDに就任することでどのような役割を
担うようになったのか。

**行政と県民の溝を埋めないと
復興が加速しない**

「復興に向けてチャレンジをする本県の姿を国内外に力強く発信するため、本県出身の箭内道彦さんに4月1日から『福島県クリエイティブディレクター』に就任いただくことになりました」。震災から5年目を迎えた2015年3月、福島県内堀雅雄知事は記者会見でこう発表した。

箭内さんと内堀知事の出会いは、内堀知事がまだ副知事だった時代にさかのぼる。2007年に福島民報社と風とロックが共同で行った新聞広告企画で、箭内さんが「207万人の天才。」というコピーを書いた。207万人は、当時の福島県の人口。その新聞広告を見て関心を持った内堀さんが、箭内さんのライブの楽屋を訪ねていったのが事の始まりだ。

「最初は実は警戒したんですよ。政治と接触するのはロックじゃないってその頃は思っていたから」と箭内さんは当時の心境を振り返る。だが、話し始めてみると福島に対する思いは共通するところが多かった。「福島の人間は発信や自慢がうまくないんです。テレビで『会議で発言しない』のが福島県民の特徴だと紹介されたこともあるくらい。そういうことがもったいないという話を内堀さんとしたんです」。偶然だが、生まれ年もちょうど同じ。会話は盛り上がり、互いに共感を抱いて、その後も2人の交流は続いた。

そして2011年。震災によって、福島の抱えるコミュニケーションの課題の質は大きく変わった。「今の一番の課題は、行政と県民の間に溝があることなんです。『どうして県はこれができないの？』『もっと早くやってほしい』といったように、"県が悪くて県民が苦しんでいる"という構図で考えられがちで。でも行政の人は皆本当に頑張っていて、当たり前ですけど、復興を遅らせようなんて人は1人もいないわけです。この構図を変えていかないと、復興が加速しないんです」。

箭内さんのCDとしての役割のひとつは、行政と県民の距離を縮め、「オール福島」として復興に向けて力を出せるようにしていくことだ。「広告の人たちは、自分のイデオロギーをいったん置いておいて仕事をする

01 2009年から毎年継続して福島で開催している秋の音楽フェス「風とロック芋煮会」。
02 『風とロック CARAVAN 福島』(ラジオ福島)の収録の様子。写真は中島村、「ひとりぼっち秀吉BAND」メンバーがゲストの回。
03 『福島をずっと見ているTV』(NHK Eテレ)

スタイルに慣れています。だから、中立的な立場で考え方の違う人と人をつなぐことに長けている。こういう課題を解決するのには向いているんです」。

県内と県外双方への情報発信をディレクションする

CDとしてのもう一つの役割は、県外への情報発信だ。「きれいな包装紙に包まれることで受け手は不信を感じることもある。福島県には光と影がある、と知事は言っているんですが、震災からの4年間でこんなによくなったという部分もあれば、まだここは途中です、という部分ももちろんある。発信する側はついいいことばかり言いがちだけれど、その両方をちゃんと並べて進んでいくことが、コミュニケーションの重要なポイントだと思っています」。

実際の仕事は、入札や採択へのアドバイスや、オリエンやプレゼンへの同席、といった形で落とし込まれている。「僕が案を選ぶのではなく、あくまでそれぞれの案のいい点や懸念点を説明して、担当の人たち自身に選んでもらうようにしています。そして決まった後は広告会社の人たちとプロジェクトを動かしていく。そこまで権限を持たせてもらって、はじめて県の発信全体に一貫した視点を通すことができます」。

県の組織は縦割りになっており、トータルな視点で判断していく人が必要だ。それが知事の役割でもあるのだが、こと専門的な知見が必要とされるコミュニケーション

分野で知事を支えていくのがCDとしての仕事と言えそうだ。実際、部署関係なくあらゆるところから日々相談が寄せられているという。「公式に『箭内が使えるぞ!』ということになったので(笑)、コンペがあるたびに色んな部署の人から相談が来て、なかなかすごい状況です。それだけ、『この案でいいのか』『もっとよくする方法があるんじゃないか』と皆不安に思っていたんですね」。

ちなみに、「CD」という名前は自分でつけた。「どういう名前にしましょうか、と聞かれたんです。それこそ『情報発信スーパーアドバイザー』みたいな案もいただきました。でも、自分のやってきたこととつながっているし、それはCDではないでしょうか、とお話させてもらいました」。

地元の人の声をとことん聞きていねいに言葉を選んで伝えていく

CD就任の背景には、これまでの箭内さんの県内でのさまざまな活動もある。ロックフェスティバル「風とロック芋煮会」は震災前から継続して行っており、2011年からはさまざまな境遇にいる福島県民に取材をする『福島をずっと見ているTV』(NHK Eテレ)を開始。2013年からは県内59市区町村を一つずつアーティストと巡る2時間の公開生放送ラジオ番組『風とロック CARAVAN 福島』を毎月行っている。また、「ふたばの教育復興応援団」といった活動もある。

「福島県って広いんですよ。場所、状況、いる立場によっても感じ方が全然違います。そういうことをわかって、ていねいに、慎重にコミュニケーションしていかないと、多様性を内包した『オール福島』にはなれないと思っています。僕にとってラジオやテレビの仕事は、地元の人の思いに触れ続けることができる場、さまざまな発信のヒントや判断基準を受け取る場でもあるんです」。

取材中、箭内さんは「ていねいに」という言葉を繰り返し使った。ちょっとした言葉

の選び方が大事で、それによって大きく印象が変わってくるという。例えば「フクシマ」と書くのか、「ふくしま」「福島」と書くのかだけでも違う。「原発報道を連想させる『フクシマ』という字面に傷つく人たちがたくさんいます。『自主避難した人』に対して、『残った人』という言葉を使うのもそう。不用意な言葉で誰かを傷つけないだろうか？と想像しながら、常にていねいに言葉を選んでいくようにしています」。

風評を減らし、福島生まれを誇りに思えるようにしたい

箭内さんのこうした活動のゴールはどこにあるのだろうか？「ひとつは、風評をなくしていくことです。県外からの福島の見方って、2011年で時間が止まっているんです。だから今の福島をいいところも悪いところも、きちんと伝えていく。そして風評をなくすというのは、単純に震災の前に戻すという話でもないんです。人口減や過疎といった地域の課題は福島でも震災前からもあったし、さっき話したように、あまり発信がうまくない県民性もありました。だから、最終的なゴールとしては福島の人が自分たちのことを誇りに思って『福島県に生まれてよかった』と感じてもらいたいし、よその県にうらやましがられる県にしたいんです。今は特に福島の『人』にフォーカスして伝えることで、『福島ってこんな

に面白い人がいるんだ』『福島にこんな面白いことがあるんだ』と思ってもらいたいと考えてます」。

2015年7月からは、県内外に自信を持って薦められる福島産の農産物を紹介するプロジェクト「ふくしまプライド。」も始まった。ほかにも進行中の企画がいくつもある。「地域のCDの仕事は華やかでも、わかりやすいオチがあるわけでもない。けれど、自分の生まれ育った土地への恩返しになると思ってやっています。『福島をずっと見ているTV』を始めて3年経ったくらいから、いつも見てますと声をかけてもらったり、福島の人たちが以前よりやさしくなりました。続けることで信頼の生まれる仕事なんだとわかってきたところです」。

この仕事が地域のCDの一つのモデルケースになればいいと箭内さんは考えている。「単なる観光大使のクリエイティブ版ではないし、頼む方も覚悟して、受ける方も武者震いして受けないといけない仕事。福島県に限らず、単に『いいとこおいで』で済まない地域はほかにもあるし、全国どの土地でもこれから何が起こるかわからない。そうした可能性まで視野に入れてきちんとその地域のことを考えられるクリエイターが、全国にもっと広がったらいいと思います」。

---

04 福島県「ふくしまプライド」の新CM発表会。内堀知事、箭内さんと共にCMに出演するTOKIOのメンバーも登壇した。
05 福島県「ふくしまプライド」テレビCMシリーズより。福島の農家が登場する「86,500人の農業者」篇やTOKIOのメンバーが福島産の野菜や果物にかじりつく「あかつき」篇、「南郷トマト」篇などがある。

やない・みちひこ
1964年福島県郡山市生まれ。博報堂を経て2003年「風とロック」設立。タワーレコード「NO MUSIC, NO LIFE.」、リクルート「ゼクシィ」の広告、フリーペーパー「月刊風とロック」の発行、故郷・福島でのイベントプロデュース、テレビやラジオのパーソナリティ、ロックバンド「猪苗代湖ズ」のギタリストなど、多岐にわたる活動を行う。

01　02　03

地域のCDの1年後を追う

福島の「光と影」を同時にていねいに伝え続ける

― 福島県

箭内道彦さんが2015年4月に福島県のクリエイティブディレクターに就任して以降、どのような取り組みがなされてきたのか。箭内さん、そして福島県庁 広報課の川俣顕太郎さんに聞いた。

誰も経験したことのない情報発信に取り組んでいる

2016年9月、「福島県の情報発信」をテーマに、福島県庁による報告会が開かれた。福島県のクリエイティブディレクターである箭内道彦さんが出席し、この1年の成果について発表した。箭内さんは、前年4月に就任して以来、県内・県外双方の情報発信をディレクションし、県の発信全体に統一した視点を通す仕事をしてきた。この日の報告会は、県庁の部門横断型組織「風評・風化対策プロジェクトチーム」に所属する各課（広報課、農産物流通課、観光交流課など）の課長が出席し、この1年の成果を共有するものだ。

主な実績として報告されたのは、①テレビCMを活用した農産物のPR「ふくしまプライド」②福島の日本酒のPR動画 ③アニメーション動画シリーズ「みらいへの手紙」④新観光ポスター ⑤3月12日に出稿した新聞広告など。いずれも貫かれているのは「福島の光と影を両方伝えていく」姿勢だ。「行政のPRってどこも似ていて、何となくお堅くて、元気で明るい。でも、福島には光も影も両方あります。いいことばかりではないけれど、悪いことばかりでもない。それをどちらも伝えなければ、正しい理解は生まれない」と箭内さんは話した。

各課の課長からは、「ガイドブックが昨年の2倍のスピードではけている」、「風評被害で気落ちしていた生産現場にCMが響いている。プライドを取り戻せたという声がある」などの報告がなされた。いま福島に求められているのは「ていねいに、だが力強い」コミュニケーションだと箭内さんは言う。「世界に前例のない情報発信だと思います。ていねいすぎて発信力が弱くなってはいけない。けれど、声をただ大きくすればいいわけではない。エッジがあってかつ繊細に、と両立しない限り福島の発信はうまくいかないんです。そういう相反するものを、クリエイティブはつなぐことができる。今皆さんは、誰もやったことのない雛形づくりに取り組んでいる最中なんです」とコメントし、報告会を締めくくった。

県の声が伝わる形になってきた

「箭内さんが来るまで、県からの情報発信は縦割りでした。各部署から、バラバラな福島のイメージが発信されていた。それを一貫させたいと頭を悩ませてきたのですが、箭内さんが来てくれて、制作物のディレクションをするのを目の当たりにしたことで、県庁内に『こうやって変えて行けるんだ』と意識が生まれていると感じます」と福島県庁広報課の川俣顕太郎さんは話す。

それまで魅力的だとは言い難かった制作物が人目を引くものになり、自治体初のドキュメンタリーアニメーションというこれまでにない選択肢も取ることもできた。2016年3月12日の新聞広告は、「5年目の3月11日に、全国に感謝を伝える情報発信がしたい」という川俣さんの思いに、「ならば、6年目が始まる初日の3月12日の朝刊に新聞広告を出稿してはどうか」と箭内さんがアイデアを返して実現したものだ。そのコピーも「福島の人間が言いたいことを言ってくれた」と感じられるものだった。

---

01 テレビCM「ふくしまプライド」
福島の農産物の生産者を主役に、おいしさと誇りを伝えるPR映像。

02 動画「ふくしまの酒【世界でいちばん編】」
福島の産業のトップランナーである日本酒のPR動画。全国新酒鑑評会で3年連続金賞を受賞したことを伝える目的で制作。

03 アニメーション「みらいへの手紙」
福島に暮らす人の多様な「今」を伝える10本のアニメーション動画。すべて福島県民の実在する人がモデル。制作は福島ガイナックス。

04 観光ポスター
単刀直入なメッセージがネット上でも話題に。

05 2016年3月12日に出稿した新聞広告
福島県内向け（左）と県外向け（右）でクリエイティブを変えて出稿。全国へ復興支援への感謝を伝え、共感の輪を広げる取り組み。

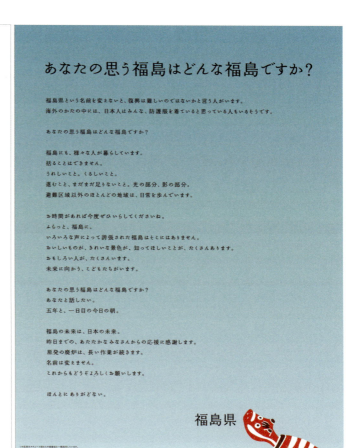

05

実際に、新聞広告を見た人から「短い言葉で福島の思いが続けられていた。これからも福島を応援したい」と感想も寄せられた。これまでうまく形にならなかった県の声が、人に伝わる形になり、発信できるようになってきたという手応えを感じている。

箭内さんにとっては、この1年あまりは初めて自治体（県庁）の人と四つに組んで仕事をした期間でもあった。「県庁の人たちって、面白いんですよ。基本的に皆さんとても優秀な方々ですし、実は何か面白いことをやろうと思っている人たちの集まりなんです。福島県の仕事を始めて、それまでの『役人』のイメージが大きく変わりました。県庁にいる人たちの目が輝き出して、動きがよくなって、ちょっと調子に乗って来た（笑）。その感じが僕は嬉しいんです」。

今後も、ふくしまの今を表現する「音楽（歌）」の発表や、福島県の総合情報誌のリニューアルなどを実施していく。「総合情報誌のデザインは、郡山の会社と進めています。ディレクションは都内のクリエイターにお願いしました。東京と地域のクリエイターが一緒に仕事をすることで、地域のクリエイターは東京の仕事の仕方を間近に見られるし、東京のクリエイターはローカリズムの視点が得られると思う。クリエイターに限らずですが、シャッフルしてどんどんお互い活性化されていけばいい。僕が『渋谷のラジオ』（渋谷エリアのコミュニティラジオ）をつくったものも、福島でラジオの番組づくりをして、渋谷をローカルと捉える視点が生まれたからです。2020年以降の日本を考える上で、この視点は欠かせないと思う」（箭内さん）。

川俣さんは「これからは、企業誘致のための情報発信にも取り組んでいきたい」と話す。現在、そのためポスターの制作も進められている。風評・風化対策からさらに次のフェーズへと、福島の情報発信はゆっくりと大きく前進している。

04

福島県庁 広報課 川俣顕太郎さん(左)、風とロック クリエイティブディレクター 箭内道彦さん(右)。

CHAPTER 02

自治体×クリエイターで実現
7つの注目プロジェクト

地域活性化の手法やアイデアが広がりを見せ、自治体とクリエイターが手を組みひとつのプロジェクトに携わるケースが増えてきた。この章では、自治体×クリエイターでタッグを組んだユニークなプロジェクトに光を当て、その着想から実際の展開までを紹介する。

街のコンテンツを「再発見」する場

天理駅の目の前に現れた、真っ白で不思議な円形状の建物群。小山のような形の屋根をかぶった建物もあれば、逆にすりばち状に掘り下げた中で遊ぶ遊具もある。建物の中には、観光案内所、カフェ、サイクルショップなどがあり、外には野外ステージとして使える場所もある。近隣住民の憩いの場やイベント会場として大いに活用され、日々にぎわいを見せている。

天理駅前広場「コフフン」のプロジェクトがスタートしたのは2014年のこと。その背景には、天理市長の並河健さんが抱く問題意識があった。「天理市の出身ではない人間の目線で見ると、天理市には『もったいない』と思うことがたくさんあるんです。柔道やラグビーの日本代表を多数輩出する天理大学のあるスポーツが盛んな市ですし、他にも音楽や歴史文化など魅力的なコンテンツが多数あります。でも、地元の人ですら、そのことを知らなかったりする。天理市に住んだり、訪れるための魅力として発信できるコンテンツはあるのに、生かしきれていないと感じていました」。

並河健（なみかわ・けん）（左）
天理市長。1978年大阪府箕面市生まれ。2003年東京大学法学部卒業、外務省入省。2008年より在エジプト日本国大使館、2010年より日本APEC準備事務局、国際協力局アフガニスタン支援室を経て、2012年より電通 戦略プランナー。2013年より現職。

佐藤オオキ（さとう・おおき）（右）
デザインオフィスnendo代表。1977年カナダ生まれ。2002年早稲田大学大学院修了後、デザインオフィスnendo設立。東京とミラノを拠点として、建築・インテリア・プロダクト・グラフィックと多岐にわたってデザインを手がける。

そして、同様に"生かしきれていないもの"として並河市長の目に映ったのが、天理駅前の広場だった。「天理駅前には広大なスペースがありましたが、特に何もなく殺風景な景色が広がっていました。ここを子どもの遊び場を中心に多世代が集まる場に変え、天理市に眠る魅力的なコンテンツを共有し、再発見できる場所にしたいと思ったんです。それに、私たち行政側には、子育て支援や高齢者施策など、市民に伝えたい活動が多くあります。しかし、行政発信の情報というのはたいてい伝わらないもの。天理駅前広場は行政に興味のない人も多数行き交う場所ですから、工夫次第で絶好の

型破りな駅前広場が街を変えるエンジンになる

天理市 CoFuFun

2017年4月、JR・近鉄天理駅の駅前広場としてオープンした「CoFuFun（コフフン）」。形状も機能も、これまでの公共施設のイメージをひっくり返す、新しさと自由な発想に満ちている。この開発プロジェクトについて、天理市長の並河健さんと、デザインを担当したnendoの佐藤オオキさんに話を聞いた。

BRAIN SPECIAL EDITION | 025

01

02

03

情報発信拠点にもなると思いました」。

こうして天理市では、商店街のメンバーや大学関係者など、地元の人たちと広場のあり方を議論する協議会を発足した。「福祉、子育て、産業振興、観光発信…など広場にほしい要素がたくさん出てきました。それらの機能を詰め込むだけでは、まとまった1つの空間にはなりません。ただ、言葉で聞くとばらばらなこれらの機能も、実は人の活動としてはつながっているのでは、という勝手な思いがありました。空間デザインがしっかりできれば、複数の機能を違和感なく同居させ、むしろ相乗効果を上げ

られるのではないかと。そのためのプランニングができるプロの力が必要でした」。9社コンペの結果、圧倒的な票を得てnendoの案に決まったという。

——
"ゆるさ"と"おおらかさ"のデザイン

佐藤さんは、提案した案を次のように説明する。「これまでの建築は、食べる場所、歩く場所と、空間はそれぞれ明確な目的のもとに作られていました。しかし、今回はさまざまなコンテンツを表現することが狙いにあるので、ソフトとハードが1対1の関係ではなく、複数のソフトを許容できる

"ゆるさ"と"おおらかさ"を持たせたいと考えました。さらに、トップダウン型ではなく、地元の人たちからソフトが自動発生するようなボトムアップ型の活用のきっかけとなるハードにしたいと思いました」。

そこで、佐藤さんが着目したモチーフが、「古墳」だったという。「最初に天理市を訪れた時、コンビニよりも古墳のほうが多いのではと思うほど、古墳が日常の風景に馴染んでいて、それが美しいと思ったんです。古墳の段差の形状をうまく使ってデザインできないかと考えました」。この時佐藤さんの頭の中には、段差のある小高い丘のよ

01 JR・近鉄天理駅の駅前広場「CoFuFun」。天理市に多数存在する古墳をモチーフにデザイン。ネーミングは、「こふん」の響きと、市民が「ふふん♪」と自慢げに思う語感、英語で「共に」「楽しむ」「喜ぶ」意味を込めている。
02 駅前の約6000平方メートルの広場をリニューアルした。
03 屋内にはカフェやサイクルショップが入っている。
04 サインは日本デザインセンターの色部デザイン研究室と開発。建物の形にあわせて、案内板などもすべて婉曲しているのが特徴。
05 駅前商店街の看板も、CoFuFunのサインにデザインを合わせてリニューアルした。
06 子どもの元気に遊ぶ声が絶えず、野外ステージを使ったライブや発表会などが盛んに行われている。

04

05

06

うな形の遊具を作り、ひっくり返すと屋根になるという、同じパターンから多様性を生むアイデアが生まれていた。

「いかに空間に専門性を感じさせないかもポイントだと思ったので、例えばカフェと遊具の境目をゆるやかに見せるためにも、形態をシンプルにすることが大事だと思いました。また、同じ形をたくさん作ると生産や加工もしやすく、工程上もメリットがあります。シンプルなデザインですが、余白や突っ込みどころを残すことで、人からより愛される空間にしたいと思いました」。色もシンプルに全体を白で統一したことで、夜はライティングによってさまざまな色に染まる空間になっている。

全体を通じて意識していたのは「ソフトを生かすためのハード」という考え方だったという。「ソフトは大事ですが、適したハードがないと、ソフトも機能しない。前の広場のままでもイベントはできたはずですが、活性化しなかったのはなぜか。真っ白な紙を渡されても、人はなかなか絵を描けません。けれど、例えば塗り絵なら、こんな色をのせてみようと思えます。そうやってクリエイティブ性をかきたてるような何かをデザインしたいと考えました」。

並河市長はnendoの案を見た時の印象を次のように話す。「屋根をひっくり返すと、イスになり、遊具にもなるという発想には驚きました。きちんと土地に根ざしたものから形も抽出されて、それが色々な角度から見てニーズに合っていると感じました」。プロジェクトを進行する過程では、市長自らミーティングに同席。芝生や塗装サンプルまで、一緒に議論し、民間・行政の垣根なくチーム一丸で進んでいった。

コフフンを起点に街が変わり始めた

コフフンがオープンすると、子どもたちは木材で作られたすりばち状の「すりばちコフン」や砂場の中央に巨大なトランポリンが配置された「ふわふわコフン」で遊びまわり、それを家族が見守る光景が日常的に見られるようになった。カフェやサイクルショップには若者が集い、幅広い世代が集まる活気あふれる場所に変貌を遂げた。「日本人向けの新しい広場の形にしたいと思いながら作りましたが、まさかご当地プロレスの団体が屋外プロレスの興行をするとは思いもしなくて。こうした予想外の使い方をされるのが、一番嬉しい」と佐藤さん。

そして、コフフンは駅前に限らず、周りの商店街などにも変化をもたらしている。商店街から、「駅前が劇的に変化したのだから、我々も変わりたい」と声が上がったのだという。そこで、コフフンのサインを担当した日本デザインセンター色部デザイン研究室と共に、コフフンと同じフォント、色、ピクトで、広場に面している商店街の看板をリニューアルすることになった。

さらに、現在は映画監督の河瀨直美さんのプロデュースで、天理市を舞台とした映画の企画が立ち上がり、撮影も始まっている。「行政は街のあらゆる場所を一度に整理することはできません。そのため、ここが街のポイントというところに絞り込んで、資源を導入します。今回は駅前広場を掘り下げたことで、街全体につながる動きが出てきました」と並河市長は言う。

市民の活動が本来の価値に見合った形でシェアされていく

天理市の魅力的なコンテンツを再発見する場にするという思いも、徐々に実現している。コフフンによって、絵本の読み聞かせグループや、海外からの留学生の活動などが、市民の目に触れる場所に出てきた。地元の人に彼らの活動が知られ、本来の価値に見合う力が発揮され、参加者の裾野が広がっていくことが理想だという。

「コフフンによって、行政の仕事も変わっていくだろうと感じます。なぜなら、福祉、子育て、観光など縦割りの組織がバラバラのままでは、ここでは仕事にならないからです。チームで仕事をすることが劇的に増えざるをえない。ここでスポーツと介護予防の担当者が一緒に仕事をすることで、実は互いに重なる部分があると気づく。そういう変化を期待しています」(並河市長)。

コフフンは外に向けた天理市のブランディングにもなっている。その評価がまた住民の誇りにつながるいい循環も生まれている。市役所には、コフフンを使いたいという市民からの申し込みが連日寄せられている。コフフンを起点に、街はどこまで面白くなっていくのか。その挑戦は続く。

街のビジョンを発信しアイデアを呼び込むための基本構想

渋谷区
渋谷区基本構想

昨年新たに策定された渋谷区の基本構想。
読み手への呼びかけからはじまる異色の宣言文、
イラスト入りでわかりやすく内容を伝える
ハンドブックなど、これまでの自治体にはない
"伝える"ための工夫が凝らされている。

20年ぶりの基本構想刷新

　渋谷区は2016年10月、20年ぶりに基本構想を刷新した。基本構想とは、20年後を展望した区の未来像を示し、区のあらゆる政策の最上位概念に位置づけられるもの。区の「憲法」のようなものだ。「ちがいを ちからに 変える街。渋谷区」を未来像に掲げ、「子育て・教育・生涯学習」や「福祉」など7分野にわたって渋谷区が実現したいビジョンを示している。これまでの自治体の基本構想にはないわかりやすさ、そしてエモーショナルな言葉づかいが目を引く。

　渋谷区長の長谷部健さんは「多くの提案が渋谷区に集まるようにしたい、というのが基本構想刷新の一番の目的」と話す。「渋谷区では、区民や区内の企業はもちろん、区民以外の多様な人、企業、NPOなどと積極的に連携していきたいと考えています。その時、企画を提案する側はここに紐づけて考えればよく、受け取る側はここを基準にして判断をすればよい。基本構想とは、そのような使い方ができるものです。僕自身、広告会社出身で提案をしてきた側ですが、その時はそれがよくわかっていなかった。でも、行政の側に入って初めて、基本構想に紐づいていれば提案を受けやすいのだと気づいたんです。僕らはいい提案がたくさんほしい。だからこそ、新しい基本構想では、自分たちのビジョンをきちんと伝えることに注力したし、またできあがった基本構想を多くの人に知ってもらいたいと考えているんです」。

　そのために意識したのは"言葉の力"だ。「頭で知るよりも、エモーショナルな言葉

左から、電通 アートディレクター 小野恵央さん、電通 コピーライター 魚返洋平さん、渋谷区長 長谷部健さん、電通 ダイバーシティ・ラボ 北本英光さん、電通 コミュニケーション・プランナー 中井桃子さん、電通東日本 営業部 佐竹孝夫さん。

長谷部健（はせべ・けん）（写真中央左）
渋谷区長。1972年渋谷区神宮前生まれ。博報堂を経て、2003年から渋谷区議会議員となり、NPO法人シブヤ大学の設立、渋谷区男女平等及び多様性を尊重する社会を推進する条例（いわゆる同性パートナーシップ条例）などに携わる。2015年より現職。

北本英光（きたもと・ひでみつ）（写真中央右）
電通ダイバーシティ・ラボ（DDL）プロジェクトリーダー／コミュニケーション・デザイナー。大学卒業後、電通にて企業や自治体の戦略PR、クリエイティブ業務に従事。2011年DDL発足に参画、ダイバーシティや教育領域の案件を多数手がける。

01 「渋谷区基本構想」の冒頭に掲げられた宣言文。
02 「渋谷区基本構想ハンドブック」。イラストレーター後藤美月さんの温かなタッチのイラストを用い、絵本のような作りになっている。
（企画制作：電通＋dish）

ちがいを ちからに 変える街。渋谷区

渋谷は世界を変える。
いや、「渋谷が」世界を変える。
本気でそう信じてみよう。
この街に存在する
ありとあらゆる人間を、仕事を、価値観を、
ドラマを、チャンスを、祝福しよう。
それらがさまざまであることを、
それゆえに生まれる熱を、愛そう。
ちがっている、ということは、かけがえない。
それは未来を動かす力になる。
それぞれの成長を、一生よろこべる街へ。
あらゆる人が、自分らしく生きられる街へ。
思わず身体を動かしたくなる街へ。
人のつながりと意識が未来を守る街へ。
愛せる場所と仲間を、誰もがもてる街へ。
あらたな文化を生みつづける街へ。
ビジネスの冒険に満ちた街へ。
街にかかわる人がひとり残らず、
自分の人生を謳歌できる。
そんな渋谷区を、
あなたといっしょにつくりたい。
混ざり合って生まれる価値こそが
それを可能にするのだと、
この街で証明してゆこう。

01

02

で、感じてもらうものにしたかった。そこに期待して、コミュニケーションが専門である広告会社をパートナーに選び、基本構想を制作しました」。今回、そのパートナーとなったのは、電通ダイバーシティ・ラボの北本英光さんを中心とするチームだ。「これまで基本構想を作ったことのある人間は社内におらず、我々にとってもチャレンジでした。ダイバーシティ・ラボの知見も生かしながら、新しいメンバーにも加わってもらい、チームで"基本構想づくり"という新しい仕事に取り組みました」(北本さん)。基本構想は、区民や有識者が参加する審議会を経て決定される。コピーライターの魚返洋平さんは10回以上行われた審議会に毎回出席し、その要点を抽出し、専門家以外が見てもわかる言葉でまとめていった。一方で、プロデューサーの役割を担ったコミュニケーション・プランナーの中井桃子さんは、区の8の部局のヒアリングに立ち会い、基本構想の原案となる審議会答申をまとめていった。

基本構想の軸になっているのは、長谷部区長が掲げる「ダイバーシティ＆インクルージョン」というテーマだ。全国に先駆けて、いわゆる同性パートナーシップ条例（正式名称「渋谷区男女平等及び多様性を尊重する社会を推進する条例」）を制定したことにも象徴されるように、渋谷区は人種、性別、年齢などあらゆる多様性（ダイバーシティ）を受容し、その上で多様性をエネルギーへと変えていく（インクルージョン）ことを掲げている。つまり、渋谷区に集まるすべての人の力を街づくりの原動力にするということだ。その先に、ロンドン、パリ、ニューヨークに並び称されるような成熟した国際都市を目指している。基本構想の冒頭に掲げた「ちがいを ちからに 変える街。」は、このダイバーシティ＆インクルージョンを日本語で表したもの。韻を踏むなどのコピーワークを行うことで覚えやすく、流通しやすい言葉にしている。

――
異色の「宣言文」からはじまる基本構想

作成された基本構想は、「渋谷は世界を変える。いや、『渋谷が』世界を変える。本気でそう信じてみよう。」という宣言文からはじまる。「ビジョンを語りつつも、それに付随するスピリット、その熱量が感じられるものにしたい」(北本さん)という思いが、この異色のスタイルを生み出した。

宣言文に続く、分野別の基本構想の説明も、「子どもはつまり、未来です。」「この世界は、学びであふれています。」など、語りかけるような口調で統一されている。基本構想の文章を考える上で、魚返さんは、①行政の言葉＝公共の言葉ではない ②一つの統一した人格で語る、の2点に配慮したという。「行政の慣習に則ると、行政の独特の言葉の使い回しが公共の言葉のような思い込みをしがちですが、そうではない。みんなが普段喋っている言葉にすればいいわけでもない。どのような言葉づかいにすれば、ニュートラルで公共的な印象を与えられるのかを意識しながら書きました。また、1つの文章としてまとめるためには、1つの人格で語るべきだと考えました」。

同時に、「渋谷区らしさ」の追求にもこだわった。自治体の基本構想には、「やすらぎ」や「緑」「やさしさ」などの言葉がよく使われるが、それでは他の地域との違いや個性は見えづらい。渋谷区には最先端の都市

03 基本構想を元に作られる10カ年の施策プラン『長期基本計画』も同じチームで制作した。
04 渋谷区基本構想PRソング『夢みる渋谷 YOU MAKE SHIBUYA』PV。公式サイト（http://youmakeshibuya.jp）で視聴可能。（企画制作：電通＋TYOモンスター）

03

04

エリアもあれば、昔ながらのコミュニティが存在するエリアもある。多様性のあるエリアが混ざり合い、他にない面白い価値を生みだしている。「他の自治体とは違うエッジの利かせ方ができる場所」（長谷部区長）と考え、その長所をきちんと表現し、他の自治体と差別化することを意識した。

基本構想をより多くの人に伝える歌とハンドブック

完成した基本構想を広く知ってもらうために制作したのが、ハンディサイズの「渋谷区基本構想ハンドブック」だ。ブックでは、基本構想の7つの分野それぞれに対応して、「こんな夢をみた。」から始まるモノローグが入り、その後に構想の本文が続く。モノローグを入れ抽象度を高めることで、受け手それぞれに、解釈と想像の余白を作っている。ハンドブックとあわせて、基本構想のPRソング『夢みる渋谷 YOU MAKE SHIBUYA』の制作も進めた。基本構想の7つの分野の要素を入れた歌詞案を作り、"渋谷系"であるアーティスト、カジヒデキさんに楽曲を、野宮真貴さんに歌唱を依頼。2人の意見も採り入れながら、渋谷らしいPRソングを目指した。

全体のアートディレクションを担当したアートディレクターの小野恵央さんは、「この基本構想は10年以上使うものなので、今の視点で未来を描くと、10年後にはレトロフューチャーになってしまう。そこが難しいと感じた点です。ただ、長谷部さんのお話の中に『懐かしい未来』という言葉があったので、そこからヒントをいただいて、最先端すぎず、親しみやすさのある、適度に抽象的な絵にしました」と話す。

基本構想を実現するための「YOU MAKE SHIBUYA」キャンペーン

さらに、基本構想の策定から半年後にスタートしたのが、「YOU MAKE SHIBUYA」キャンペーンである。このフレーズのもとに多様な人や団体の参加を呼びかけ、ビジョンの浸透と実現をはかっていこうとするものだ。北本さんは「『ちがいをちからに変える街。渋谷区』を実現するには、個人も法人も含めたさまざまな人にアクションしてもらう必要があります。そのために皆さん＝YOUが渋谷をつくっていくんだというメッセージを表現しました。『YOU MAKE』の部分を、『I MAKE』、そしてゆくゆくは『WE MAKE』へと進めていきたいと考えています」と話す。

キャンペーンの初年度は基本構想の認知拡大を目標に、①公式サイトの開設 ②区内小学校でのワークショップ開催 ③AIプロジェクトの展開の3つを中心に行う。渋谷区は、特に20年後の渋谷を担う子どもたちへのアプローチには力を入れている。PRソング「夢みる渋谷」のダンスバージョンや合唱バージョン、盆踊りバージョンなどを展開し、子どもたちに基本構想を浸透させることも計画中だ。AIプロジェクトは、基本構想に関するナレッジをAIに集積し、区民やステークホルダーがAIとのコミュニケーションを通して、基本構想に触れられるものになるという。

「渋谷区には、人も、会社も、場所も、多彩なリソースがあります。そして、それは行政だけの資産ではありません。街をよくする意思を持っている人たちでシェアして、活用し、シナジーが起きていったらいい。そのために場を整えることが自治体の仕事です。渋谷にある企業同士を繋いで新しいプロジェクトを生む『渋谷をつなげる30人』や、渋谷に住む面白い人同士が出会う『おとなりサンデー』なども、すべてこうした考えのもとに活動しているものです。渋谷区はそういう活動ができる場所なんだ、やっていいんだ、という空気をつくって、さまざまなプロジェクトが自走するようにしていきたいですね」（長谷部区長）。

01 2016年のメインビジュアル。左が「工場の祭典」、右が「耕場の祭典」。「耕場の祭典」には、ぶどう園や米農家、飲食店など13の会社が参加した。

4年目を迎え
新展開を見せた
産地の祭典
―
燕三条 工場の祭典

2016年にスタートした、
新潟県 三条市のイベント「燕三条 工場の祭典」。
同年からは金属加工の「工場」に加え、
農業の「耕場」が加わりパワーアップしている。
全体監修を行うmethod 山田遊さんと
アートディレクションを担当した一人、
SPREADの小林弘和さんに話を聞いた。

工場から耕場へ
農業まで範囲を拡大

2013年にスタートした「燕三条 工場の祭典」は、金属加工の産地として知られる新潟県燕三条全域の工場が一般の人に向けてものづくりの現場を公開するイベントだ。多くの地域イベントが立ち上がっては消えていくなかで、「燕三条 工場の祭典」は2016年に4年目を迎えた。2013年の第1回目の開催時には約1万人を集客、第3回目は約2万人と参加者は年々増え、参加する工場の数も年を追って増加。さらに4年を迎えた2016年は新展開として、ものづくりの拠点である「工場」78社に加え、農業を営む「耕場」13社、地場の産品を提供する商店などを営む「購場」5社の3種類の「KOUBA」が「工場の祭典」の名の下に扉を開くことになった。

イベントの全体監修を担うmethodの山田遊さんは、「当初は3年経ったら地元の人に運営を任せて、僕は現場を離れたいと思っていました。これまでさまざまなイベントに携わってきて、1年目はがむしゃらにやり、2年目は1年目の課題を改善し、3年目でブレイクする、という形が見えていたからです。4年目以降もこの勢いを落とさないようにするにはどうすればよいか、昨年の会期中もずっと考えていたんです」。

そのブレイクスルーになったのは、燕三条の農家の人のFacebook投稿だった。「工場の祭典に参加してくれたきゅうり農家の方がFacebookに『僕たちは農家だから、耕す場と書いて耕場だ!』と上げていて、それが面白いとチーム内で話題になりました。実際にその農家を早朝に訪ねてみ

02

ると、その場できゅうりをもいで味噌をつけて食べさせてくれたのですが、これが最高の体験で。僕らはずっと工場ばかり見てきたけれど、燕三条ってこういう豊かさもあるんだと知りました」。

　その後の行動は早かった。山田さんは2日後には三条市長に直接プレゼンし、大筋で了承を得ることに成功した。一方で、SPREADのアートディレクター小林弘和さんは「来年は食のイベントをやることになりそうだ」と、山田さんの動きを見ながらカメラマンの神宮巨樹さんと農協に交渉に行き、翌年のメインビジュアルのためのテスト撮影を実施。チーム一体の動きで4年目に向けて動き出した。ここで行ったテスト撮影が、ブドウ園のメインビジュアルをつくる上で重要な役割を果たしている。

　農業への拡大について、「これまでのように工場好きな人が集まって自己完結するよりも、異なるチャネルを巻き込んで繋げたほうがいいと僕自身も思っていました」と小林さんも言う。「昨年、燕三条の農家の方に『工場の祭典って知らなかったけどてもいい企画だね』と言われて、これだけPRしている地元でも、チャネルが違うと知られていないことに驚いたんです。また、昨年はミュージシャンの相対性理論さんとジェフミルズさんのコラボレーションしたCDパッケージを燕三条の金属加工技術を使って制作したのですが、その企画展覧会を行うと、たくさんのファンがこの地を訪れてくれました。そこから工場に興味を持ってくれる人もいて、その経験からも、違うチャネルに接続したほうが広がるなと感じていたんです」。

　「KOUBA」は「耕場」「購場」だけでなく、酵素の「酵」など、さまざまな産業に展開できる。「そのうちKOUBAから発展して『酒場』や『宿場』にしてもいい」と山田さんは考えている。「同じ自治体の中であれば、食とものづくり、ばらばらに動かずに集中させた方がいい。今の課題として、訪れた人にもっと泊まって欲しいので、夜のイベントを企画して滞在型にするという施策も進んでいます」（山田さん）。

　新しい試みをすれば、二次交通や、宿泊施設の不足など新しい課題が見つかる。「けれど、見つけた課題をイベントの時に改善できたら普段でもできるようになります。工場の祭典をきっかけに、常時開いている工場も今では10数社まで増えました。中には年間4000人が訪れるようになった工場もあります。イベントをきっかけに日

03

032 | BRAIN SPECIAL EDITION

常が変わる。そうやって地域がレベルアップしていけばよいかなと」(山田さん)。

初の産地連携を実現
高岡クラフツーリズモと組んだ理由

2016年の展開では、10月の本番に先駆けて、9月に同じオープンファクトリーイベントである富山県高岡の「高岡クラフツーリズモ」と連携し、代官山T-SITEで初となる共同イベントを開催した。「高岡クラフツーリズモ VS 燕三条 工場の祭典」と銘打たれたイベントでは、双方の名産物の展示だけでなく、高岡のすず製品の鋳物体験や、燕三条の包丁づくりのワークショップなども行われた。

「産地間連携は前からやりたかったんです。ただし、組む相手は刺激しあえて、尊敬できて、お互いに評価できるけど、絶対に負けないと思える相手がいいと思っていました。その点、高岡クラフツーリズモはある思想のもとにしっかりとデザインされているし、燕三条とはカラーが違うので、対比が効いて面白いものになると思いました」と山田さん。東京都内にオープンファクトリーイベントが集中するなかで、お互いを高め合えるという理由から高岡クラフツーリズモと手を組んだ。こういった、東京など本拠地以外での活動を「部活」と2人は呼ぶ。「東京やミラノでも展示をしましたが、工場自体を持っていくことはできません。だから燕三条に来て、価値を感じてもらうことが本質であり、一番大切なこと。ここがブレることはありません」。

「実は工場の祭典は各地で行われている芸術祭に対するカウンターとして考えていました

す」と山田さんは明かす。「もちろん素晴らしい芸術祭はいくつもありますが、海外からアーティストを連れてきて集客しただけでは、その地域の資源を使ったとは言えません」。工場の祭典は、地元の人を毎年チームリーダーにするなど、主体を必ず地元に置くようにし、工場という地域の資源を最大限に生かしている。その点で他の地域イベントに勝ると自負している。

オリジナルブランド
「FIELD GOOD」が誕生

工場の祭典からは今年、オリジナル家庭用園芸ブランド「FIELD GOOD」も誕生した。燕三条で大正初期から家庭用の金属加工品を製造する永塚製作所と共に開発した、同社初のブランドである。プロデュースは山田さん、アートディレクションはSPREAD、写真は神宮さん、プレスはHOWと、工場の祭典と同じチームで手がけている。「工場の祭典をきっかけに永塚製作所さんと出会い、工場に行って商品を見た時に、これは売れる、と直感したんです。ものづくりは工場とコミュニケートする密度が高いほど勝ち目が上がります。1、2回お見合いのようなミーティングをしただけでは、表層的なところしかわからない。工場の祭典を運営し、密に工場とお付き合いを重ねる中で、気づけば燕三条に最適なものづくりチームが副産物としてできていました」と山田さん。

小林さんは、工場の祭典に関わったことで、より深く「産地」というものが理解できたと話す。「3年目に初めて工場の祭典にスクラップ会社が参加したんです。その工場に行った時、廃棄されたものが生産のサイ

クルに再び戻る部分までを含めて産地なんだとわかったんです。燕三条は『金属加工の街』と言われますが、金属加工会社だけでは産地は成り立ちません。柄を作る木工会社や、パッケージ会社、スクラップ会社も揃ってひとつの産地です。今、自前で全行程をまかなえなくなっている産地が多い中で、燕三条は産地としての完成度を保っています。『工場の祭典』で燕三条を支えるさまざまな産業に触れてもらうことで、産地への理解も深めてもらえたら」と話す。

毎年アップデートを重ね、ビジョンを更新し、次の目的地を見つけてまた走り出す。それができているから、工場の祭典は人を巻き込み、成長するイベントになっている。

method 代表取締役 山田遊さん(左)、SPREAD アートディレクター 小林弘和さん(右)。

02 2016年9月に代官山T-SITEで行われた、産地連携イベント「高岡クラフツーリズモ VS 燕三条 工場の祭典」。

03 工場の祭典から派生したオリジナル園芸ブランド「FIELD GOOD」。

04 2014年には、ミラノサローネ期間中に開催されるイベント「SHARING DESIGN」の招待を受け出展。

05 2015年9月にAXISギャラリーで行われた展示「燕三条 工場の祭典—産地のプロセス」。

若手職員と地元企業の タッグで制作した オリジナル婚姻届

立川市 プレミアム婚姻届

人口減少や人口流出は
多くの自治体が抱える課題。
立川市は解決に向けて、市の若手職員を集めた
ワーキンググループを立ち上げた。
そこから生まれたのが人気の「プレミアム婚姻届」だ。

**若いカップルが立川市を訪れる
きっかけをつくる**

　立川市が販売する「プレミアム婚姻届」（1000円）が人気を集めている。特徴は、複写式のため夫婦2人の筆跡を残すことができる点と、提出後に台紙に思い出の写真を飾りつけてオリジナルのアルバムとして使える点だ。この婚姻届は立川市外在住者も購入可能で、市内ホテルなどで販売されている。

　立川市がプレミアム婚姻届を作成した背景には、人口流出の課題があったという。立川市では25〜39歳の女性が市外へ転出している傾向にあり、結婚して定住する女性が少ないことが想定された。そこで同市は2015年に地方創生のアイデアを立案する市職員を募集し、ワーキンググループを結成。その一員である二ノ宮真輝さんは「若い女性がどうしたら立川市に興味を持つかという視点で議論しました。ライフスタイルの転換期に着目して出てきた3つの案の1つがプレミアム婚姻届です。立川市でしか手に入らない婚姻届を作ることで、若いカップルにまずは立川を訪れてもらう機会を作ろうと考えました」と振り返る。

　プレミアム婚姻届を作成する際にワーキンググループが相談したのは、地元立川市で50年以上経営を続けている老舗印刷加工会社の福永紙工。以前から市役所関連の印刷の仕事も手がけていた。相談を受けた福永紙工 代表取締役の山田明良さんは20〜30代のワーキンググループのメンバーがやる気に満ちているのを見て、面白い仕事になりそうだと予感したという。その後、山田さんが国立市在住のデザイナー、三星デザインの三星安澄さんに声をかけ、地元チームの三位一体でプロジェクトを進めた。

　立川市のワーキンググループが出した要望は、「写真が入れられ、かつ結婚式で飾ることもできるデザイン性のある婚姻届」だった。「自治体が出すデザイン婚姻届としては北海道の東川町の例などが知られてい

01

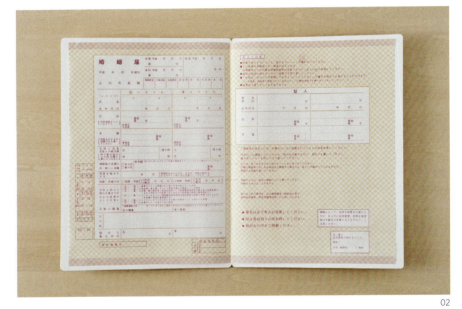

02

03

04

ますが、調べたところ、結婚式で飾る人が多いとわかりました。そこで、プレミアム婚姻届も式で飾ってもらえ、さらにその後も家に飾ってもらえるように、デザイン的に突き抜けたものにしたいと考えました」と二ノ宮さん。表紙の窓の部分には型抜きの加工を施し、婚姻届を提出した後はアルバムとしても使えるようにした。また、厚みのある紙を使って、特別感を演出。色は女性に好まれるよう明るい色合いにしている。表紙の窓の中に書かれている「夫妻になる」という言葉は、実は行政独特の言い回し。あえてそれを持ち込むことで、デザイン性と"行政色"が両立した、他にはない婚姻届に仕上げた。

メディアに注目され
市のPRにも相乗効果

2016年度に実売した1700部のプレミアム婚姻届のうち、約500部が立川市の窓口に提出され、さらにその約半数は夫婦ともに立川市内に住んでいない人が提出していた。「プレミアム婚姻届をつくったことで、多くの市外在住のカップルが立川市へ足を運んでくれました」と同市 企画政策課 主査 和田健治さんは話す。

市外からも反響があった理由は、作成後のプロモーションに力を入れたからだ。婚姻届の出来ばえに、完成後のプロモーションにもぜひ力を入れたいと考えた福永紙工は、婚姻届のオリジナルブログやSNSによる情報発信を行うと共に、全国のメディアにアプローチした。また、市役所内に婚姻届に押せるお祝いスタンプやフォトスポットを設け、利用者によるSNS上での発信も狙った。

こうしたプロモーションが功を奏し、プレミアム婚姻届がメディアに取り上げられるようになると、一気に販売数は加速、比例して婚姻届の提出数も増加した。その後内閣府などが後援する地方創生大賞を受賞したことで、他自治体からの注目度も高まった。現在は地元商店等と連携し、立川市を訪れたカップルに地元飲食店を案内し、さらに市の魅力を体験してもらう取り組みを行っている。

多摩地域で結婚式を挙げてもらう
ための「Tama Wedding Box」

婚姻届に続き、「多摩地域で結婚式を挙げてもらいたい」との思いから、2017年2月に販売を開始したのがアルバムブック「Tama Wedding Box」（3000円）だ。実は、多摩地域は結婚式場が多く、ウェディング事業が盛ん。だが、多くの地元カップルは東京都心や横浜のウェディング会場に流れてしまう。そこで、同地域のウェディング事業の活性化のために開発された。

立川市とTAMAウェディング推進会、デザイナーの田中千絵さん、福永紙工の4者で、現場のウェディングプランナーの意見も聞きながら企画を進めた。内容は、結婚式までに必要なことが確認できるアルバムブック、金箔の箔押しが施された結婚証明書、花の刺繍入りの便箋がセットになっている。ピザボックスのような形状のボックスに入れられているのは、「2人の気持ちを熱々のままお届けする」ため。結婚式までのストーリーを書き込みながら、わくわく感のこもった、楽しい式を挙げられるボックスにしたいと制作した。

Tama Wedding Boxもメディアで取り上げられたことで、多摩でのウェディングに目を向けるきっかけを生んだ。立川市広報課でシティプロモーションを担当する小川和美さんは「民間企業ではそれほど珍しくない取り組みでも、自治体が少し変わったことをすると、一気に注目が集まります。こういった取り組みによって『立川市って面白い』と思ってもらえるのだと、婚姻届やウェディングボックスを通じて実感することができました」と話す。

これまであまり情報発信が得意ではなかった自治体だからこそ、きちんと発信すれば、注目が集まり、大きく物事が動き出す。行政と地元企業が地元を盛り上げるという同じ目標に向かい、フラットに意見を出し合えるチームを組んだことで、それを理想的な形で実現できた。

左から、福永紙工 営業本部 田中祐介さん、同 代表取締役 山田明良さん、立川市 企画政策課 北島彩子さん、同 広報課 小川和美さん、同 企画政策課 和田健治さん、同 地域文化課 二ノ宮真輝さん。

01、03 立川市「プレミアム婚姻届」。提出後にはアルバムとしても活用できる。型抜き加工や箔押し（銀箔、顔料箔）を使い、特別感を演出した。人の形は、誰にでも当てはまるよう、ギリギリ女性か男性かわかるぐらいのデザインにする配慮をしている。
02 中は複写式になっており、おめでたいイメージの市松模様のデザインになっている。
04「Tama Wedding Box」。結婚式までの道のりを記録できるアルバムブック、結婚証明書、刺繍の施された便箋などが、ピザボックスのような形状の箱に入れられている。
Photo：Ryoukan Abe

「地域の仕事」の入り口はどこにある?

「地域に関わる仕事がしたい!」――では、その入り口はどこにあるのか? 地方自治体とのビジネスに詳しいLGブレイクスルーの古田智子さんと、さまざまな地方自治体に外部ブレーンとして関わる博報堂ブランドデザインの深谷信介さんに、地域の仕事を手がける方法を聞く。

図1:地方自治体のしくみ

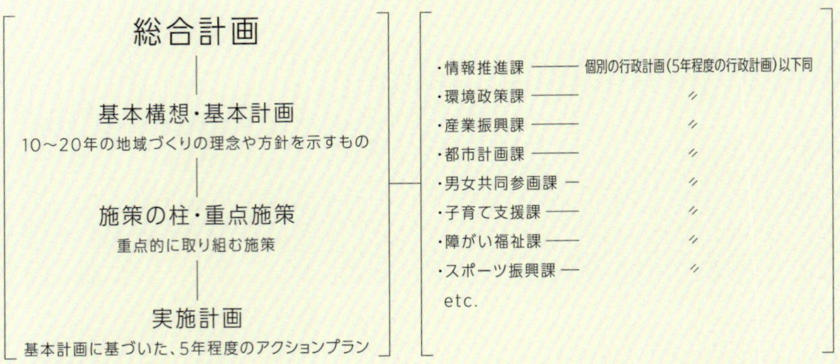

```
┌ 総合計画
│  基本構想・基本計画     ・情報推進課 ── 個別の行政計画(5年程度の行政計画)以下同
│  10〜20年の地域づくりの理念や方針を示すもの ・環境政策課
│                         ・産業振興課
│  施策の柱・重点施策      ・都市計画課
│  重点的に取り組む施策    ・男女共同参画課
│                         ・子育て支援課
│  実施計画               ・障がい福祉課
│  基本計画に基づいた、5年程度のアクションプラン ・スポーツ振興課
└                         etc.
```

POINT 基本構想、基本計画、実施計画などからなる総合計画(自治体によっては、呼称が異なる場合もある)のもと、それぞれの分野で個別の行政計画が定められ、分野ごとの課題およびその背景、実施すべきとされる取り組みが具体的に示される。自治体のWebサイトなどで公開されているこうした計画を参照すれば、地域で具体的に何が課題となっているかがわかる。

地域の課題は地方自治体に集約されている

「地域の仕事」と一口に言っても、地方自治体との仕事もあれば国の地方局との仕事、観光協会や商工会議所などの外郭団体といったさまざまなケースが存在する。「窓口はいろいろですが、地域の司令塔は地方自治体です。外郭団体などの予算の出どころも多くは自治体なので、地域の仕事に興味があるなら、自治体のことを知るのが一番です」とLGブレイクスルーの古田智子さんは話す。

大前提として、自治体とは「地域の課題解決やビジョン実現のために、住民の方々からお金(税金)を預かっている人たち」であり、その仕事は「税金をその目的のために最大限の効率で使うこと」だと古田さんは説明する。そして、組織自体がその課題に対応する形で作られているということを理解するのがポイントだという。

例えば中小企業のビジネス活性という課題に対して産業振興課があり、地域の子育てを取り巻く課題に対して子育て支援課がある、という具合だ。「自治体自体が課題解決のための組織ですから、課題解決を仕事にするクリエイターにとっては、活躍の場が広がっています。昨今はPR動画などのプロモーション分野が注目を集めがちですが、他の課もそれぞれ予算を持っています。

自治体は情報発信が苦手なので、せっかく予算をつけて公告しても応募企業が集まらなかった、ということもある。こうしたチャンスが生かされないのはもったいないと思います」。

自治体は一般の民間企業のように、宣伝部のような決まった窓口はない。言い方を変えれば、すべての課が仕事の窓口になりえる。自身の得意分野が生かせる課と仕事をするという発想で考えればいいという。例えばと古田さんが例を挙げるのが、障がいを抱えた人たちが働く授産施設の製品の販路開拓だ。「こうした施設の製品は、あまり知られていないのですが、実はとても品質がいいんです。先進的なスイーツを作るなど、製品の改良にも余念がありません。ですが、プロモーションやパッケージデザイン、ブランディングが足りないばかりに製品が売れないという課題があるんです」。製品を売り、働く障がい者たちの工賃を上げるのは全国の施設の悲願。同様に、伝統工芸の産地などもコミュニケーション面での課題を抱えている。

それぞれの地域が抱えている具体的な課題は、自治体のWebサイトで公開されているという。「自治体は、総合計画と言われる大きな方針に沿って、施策の柱(コンセプト)と重点施策を打ち出し、それに各課の事業領域に基づく個別の行政計画を策定しています。ここを参照すれば、地域で実行されようとしている施策の背景にどのような課題があるかがわかります」(図1)。

特定の地域の中で自身の力が生かせる課題を探してもいいし、取り組みたいジャンルが決まっていれば地域を横断で探してもいい。「プロモーション領域だけでなく、広く課題解決の視点で見れば、自治体には仕事の入り口(提案のチャンス)はたくさんあることに気づくはずです」。

「予算」発想から抜け出そう 仕事は提案して自身でつくれる

見つけた課題を"仕事化"する方法についても、古田さんは次のようにアドバイスする。「自治体の仕事は『予算がついている』と考える人は多いですが、そもそも仕事(予算)があってもらいにいくという考え方が間違っているんです。自治体に必要だと思うアイデアを提案して、仕事をつくることもできるともっと知ってほしい」と言う。

自治体との仕事のしかたは、大きく2つある(図2)。ひとつは、公示(実施が決まっている案件の告知)を見て、入札・プロポーザルに参加すること。もうひとつは前年度のうちから案を提案し、自治体と共に予算化(案件化)して、次年度に公示で出た段階で参加する方法だ。「よく自治体との仕事をしている企業は、こういう仕組みをきち

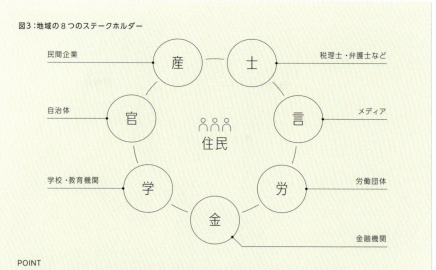

図3：地域の8つのステークホルダー

POINT
地域の活性化は、産官学金労言士の連携が大事だと言われている。「地域の仕事は、上記のどこでも入り口になりえます。依頼を受けた人との関係で閉じるのではなくて、その人と産業界をつなげたり、あるいは行政をつなげたりと、プレイヤー同士をつなげて広げるスタンスで臨むことで、仕事に広がりが生まれます」（深谷さん）。

んと知っています。提案ができるんだ、ということを知っているか知らないかだけで大きく違います」。

他にも、何社かで組んで自治体に提案する（コンソーシアム）ケースもある。特にITベンダーや大手コンサルタントは、単体ではサービスの差別化がしづらく、クリエイティブができる企業や個人は差別化のために強力なパートナーになるという。こうした仕組みや手段を知ることが、地域への仕事の入り口を増やすチャンスにつながる。

政策参与、起業…
さらに多様な地域との関わり方

クライアントワークという発想からもっと視野を広げれば、さらに多様な選択肢がある。博報堂ブランドデザインの深谷信介さんは、ここ数年自治体のまちづくり支援の仕事を多く手がけてきた。特に富山県富山市、茨城県桜川市・つくばみらい市・鳥取県日野町、島根県江津市などでは政策参与や参与、アドバイザーという形で、行政の側から自治体の事業に携わっている。本格的にこうした仕事をするきっかけになっ

図2：地方自治体との仕事のしかた

1 公示から探す

2 前年度から提案して案件化する

POINT
自治体の中で次年度予算編成にのせる事業を検討し始めるのが5月のゴールデンウイーク明け頃。「政令指定都市などの規模の大きい自治体はお盆前くらいまで、小規模な自治体は9月末頃までに次年度事業の素案が固められます。この頃に事業の提案が通れば、次年度で案件化され公示が行われます。前年度の案件づくりから参加することで、公示のための仕様書づくりなどに関わることもできます」（古田さん）

たのは、まちづくりをテーマにした社会人大学院に入学したこと。行政関係者や都市計画コンサルタント・設計士・ディベロッパーなどと長期的視点に基づいた都市計画について学び、議論したことが現在の仕事につながっているという。

地域を取り巻くさまざまな立場を見てきた中で、深谷さんは広告会社が地域と関わる強みを次のように語る。「広告会社の人間は、普段から幅広い種類のクライアントと仕事をする中で、俯瞰してものごとを見て、マーケティング発想で戦略的に考えられるスキルを身につけています。さらに実行フェーズまでやりきることができる。その力は、間違いなく稀有なスキルです」。

ただ一方で、気をつけるべきこともあるという。それは、その地域の住民にならない限り、その地域にずっと関わり続けることはできない、つまりいつかは離れるということだ。それを前提に、「自分が離れたときにその地域にいいもの・コトを残せるかどうか、ということを考えられるかが大事」だと話す。「老舗ブランドと同じで、地域は連綿と続いていくものです。東京やグローバルで最先端な価値観を持ち込んで、その営みを壊すことのないよう、注意しないといけない。自分が関わる前と後でその地域がどう変わったか、何か自分は街に資することができたのか、という視点を持っ

てもらいたいと思います」。

また一方で、地域の豊富な資源を使って、事業を起こすといった関わり方もあると話す。「地域の資産を見つけたら、必要なプレイヤーを集めて自分たちで自ら産業化していくことだってできると思います。イノベーションは辺境からと言われますが、地域の方が東京よりも資源を明確化しやすいし、手ごろなスケールで始めやすい。最近は、日本と世界のローカルな地域同士がダイレクトにつながり始めていますから、地域から世界に発信して評価してもらうような、地域の価値の伸ばし方もできるのではないかと思います」。

「地域の仕事」は必ずしもクライアントワークに限らない。そんな柔軟な発想と、地域の価値を掛け合わせることで、さまざまな仕事の形がありえるのではないだろうか。

古田智子（ふるた・ともこ）（左）
LGブレイクスルー代表取締役／プロポーザルマネジメント協会理事

深谷信介（ふかや・しんすけ）（右）
博報堂ブランドデザイン／富山県富山市政策参与、茨城県桜川市参与・つくばみらい市参与、鳥取県日野町参与ほか、名古屋大学客員准教授、茨城大学顧問ほか

BRAIN SPECIAL EDITION | 037

プロジェクト全体図

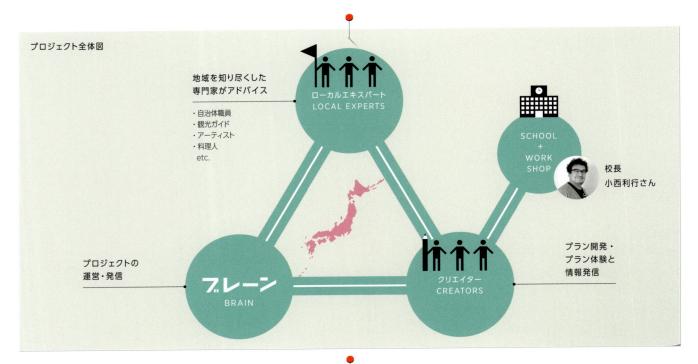

九十九島プロジェクトの進行イメージ

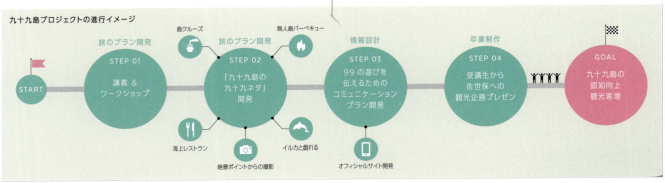

クリエイター×ローカルエキスパートで実現する新たな地域活性のカタチ
― 佐世保「九十九島大学」

全国から9名の受講生が集結　九十九島の魅力を発見

「九十九島大学」は、豊かな自然や文化遺産など"眠れる観光資源"を多く抱える長崎県佐世保の九十九島エリアの全国知名度を上げ、集客につなげていくためのプロジェクトだ。

プロジェクトの最大の特徴は、受講生（地域外からこのプロジェクトに参加するクリエイター）とローカルエキスパート（九十九島の魅力をよく知る地元のエキスパート）がチームを組み、活性化のためのアイデアを提案していくことだ。受講生は全国から選抜された、さまざまな得意領域を持つ9名で、校長にはクリエイティブディレクターの小西利行さんが務めた。ローカルエキスパートには、佐世保市役所職員、九十九島水族館「海きらら」館長、タウン情報誌の編集長、観光ガイド、カヤックガイド、写真家など、地元の多彩な魅力を知る人が集まった。

受講生は約8カ月の期間中、複数回にわたって九十九島を訪れ、さまざまな名所を見学し、アクティビティを体験しながら、それぞれの感じ方で九十九島の魅力を発見していった。また、多彩なゲスト講師による、企画やコミュニケーションをテーマとした講義をローカルエキスパートと共に受講し、企画やアイデア発想、情報発信の方法などについて学んでいった。

2015年6月に現地で行われた入学式で校長の小西さんは、「九十九島大学は、地域内だけで行われるものでも、地域外だけで行われるものでもない、その両方が参加する全く新しいタイプの地域活性プロジェクト」と受講生にエールを送った。

01

02

03

04

05

「サマースクール」と名づけられた7月上旬のプログラムでは、受講生と地域のエキスパートが4つの混合チームに分かれ、1日かけてシーカヤックや無人島BBQといったアクティビティ体験や、観光スポットを見学した。ゲスト講師はおちまさとさん、ソーシャルデザインの仕事を多く手がける福井崇人さんで、講義後には受講生とローカルエキスパートのチームで、九十九島を全国にアピールする「九十九島の九十九ネタ」を作成するワークショップが行われた。8月頭に開催された第3回目のプログラムでは、キャンプ場や民宿に宿泊し、展望台巡りやヨットセーリングといったアクティビティ、特産品作り、酒造見学などを行った。

「卒業制作」は佐世保への観光企画プレゼン

最終回となった12月のプログラムでは、佐世保市の観光戦略を成功させるための「最終企画発表会」が行われた。佐世保市や佐世保観光コンベンション協会から、多数の地元関係者が参加。小西校長や、ゲスト講師の福井さんらが見守る中、受講生らが企画を発表した。

九十九島にある無人島の活用を提案したのは、大熊千砂都さん、磯部仁沙さんらのチーム。カヤックガイドの林田聡さん、ヨガインストラクターの茂貫尚子さんといった地域エキスパートらにヒアリングを重ねて活用実態を探り、全国から人が集まるコンテンツとして無人島で行う新プログラムを企画した。

地域エキスパートで九十九島水族館海きらら館長の川久保晶博さん、同館職員の粟生恵理子さんと協力し、「九十九島パールシーリゾート」の水族館や動物園を巡る新イベントを提案したのは、政時祐子さん、斉藤祐輔さん、宮嵜幸志さん。また廣部慧さんは地元漁業組合と対話を重ね漁師の収入アップを前提としたアイデアを披露、広瀬達也さんは佐世保市の観光戦略の現状についてきめ細かく調べ、課題の解決策を提示した。

受講生の提案を受け、佐世保市観光物産振興局長の森永博昭さんは「とてもユニークなアイデアをいただいた。次は行動の段階。実現させるための方法を、これからも一緒に考えたい」と総評した。受講生からの企画はその後佐世保市および佐世保観光コンベンション協会によって商品化、サービス化が検討されることになった。

01「九十九島の九十九ネタ」Webサイト。食、観光、体験など、受講生とローカルエキスパートのチームによって作られた99のPRネタが紹介されている。https://www.sasebo99.com/tabikuri99/
02 全国から集まった9名の受講生。プランナー、ライター、映像ディレクター、メーカーの広報担当者、旅行会社勤務などさまざまなバックグラウンドの人が集まった。
03 入学式にて、小西利行校長のスピーチ。
04 最終回では企画発表会と卒業式を実施。
05 九十九島大学のゲスト講師。博報堂ケトルの木村健太郎さん、人気Viner H!RAさん、おちまさとさん、ソーシャルデザインの仕事を多く手がける福井崇人さんらが講義で九十九島を訪れた。

陶磁器の里で開催されたアート体験イベント
Saga Dish & Craft

やきものを日常の延長で楽しむアートイベント

「日本磁器のふるさと」と言われる肥前窯業圏。佐賀県と長崎県にまたがるこの地域は、唐津、伊万里、武雄、嬉野、有田など、日本でもトップクラスの陶磁器産地が集結している。2016年4月に文化庁が発表した日本遺産（有形無形の文化財をひとつのテーマでまとめ、地域の魅力を発信する）にも認定され、その情報発信プロジェクトの一環として同年10月に立ち上がったのが、アーティストやクリエイターの力でこのエリアに人を呼び込み、磁器への関心を高める「Saga Dish & Craft」プロジェクトだ。「DISH」は「料理」と「お皿」を、「CRAFT」は「美術品」と「技術」を指す。イギリスで19世紀に興った生活と芸術を統一する運動「Arts & Crafts」になぞらえ、肥前窯業圏の「陶磁器」と「郷土料理」という"生活に根ざしたアート"を共に愉しむことを発信する。

プロジェクトの舞台は、前述の5つの産地にあるカフェやレストラン。地元をよく知るキーマンがコーディネーターとなり、各飲食店では地元産の器で、地元食材を使った料理が食べられる。さらに各店はクリエイターとコラボレーションし、店内で体験・体感型のインスタレーションを行う。クリエイターは、イラストレーターのCato Friendさんや映像制作ユニットの大久保兄弟、アートディレクターの内田喜基さん、巻きずしアーティストのたまちゃんなど10組。内容は、ライブペインティングやプロジェクションマッピングなど、多岐にわ

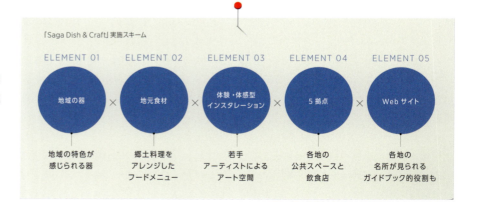

たる。アートとイベントを組み合わせることで、若年層の焼きものへの敷居を下げる狙いがある。

プロジェクトの最も重要なポイントは、「自走する仕組みづくり」だ。もし、将来的に県の予算がつかなくなっても、地元の人々が自ら考え、動き、アートを活用して地域を活性化できるよう、基盤を整える。そのために、各産地における企画をコーディネートする「地域プランナー」を任命し、彼らを中心にコミュティを形成している。

5つの産地には、磁器産業が日本に伝来してからこの地で発展していった歴史を表す、「はじまり」の地（唐津）、「満開」の地（有田）などのテーマが設けられている。順にめぐれば、やきものを歴史の流れと共に楽しめる。イベントは、2017年2月18日から5拠点で同時スタートし、3月20日までの約1カ月間開催された。1万4000人あまりの人が訪れ、まちをめぐりながら、未知なるアートとの出会いを楽しんだ。

01 内田喜基さんが吉田焼の窯元とコラボレーションして制作したお皿。内田さんは、手すき和紙に金属箔を定着させるワークショップも実施。
02 巻き寿司アーティスト たまちゃんによるワークショップでは、切ると「原始人ウー」が出現する巻き寿司制作を行った。
03 人気イラストレーターのCatoFriendさんが似顔絵を書いてくれるワークショップ。
04 大久保兄弟によるプロジェクションマッピングを使ったインスタレーション。
05 富永ボンドさんによるライブペインティング。

○プロジェクトマネジメント＋CD／宣伝会議○現地コーディネーター／Barbara Pool、廣部慧○広告＋プロモーション＋イベント／西広○AD＋D／内田喜基○地域プランナー／前田貞子（唐津市）、森永一紀（伊万里市）、鳥谷憲樹（武雄市）、辻諭（嬉野市）、佐々木元康（有田町）

BRAIN SPECIAL EDITION | 041

県庁組織に
イノベーションを
起こす
小さな組織

—

佐賀県
さがデザイン

2015年、佐賀県庁に新たな組織「さがデザイン」が登場した。佐賀県庁の中と外のクリエイターをつなぐハブとなり、尖ったアイデアを県庁でも実現するミッションを背負った組織だ。

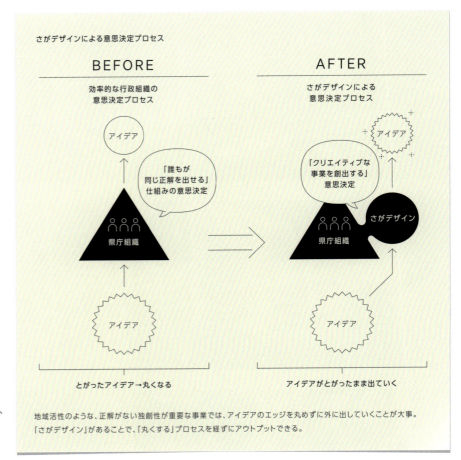

地域活性のような、正解がない独創性が重要な事業では、アイデアのエッジを丸めずに外に出していくことが大事。「さがデザイン」があることで、「丸くする」プロセスを経ずにアウトプットできる。

県知事の肝いりで登場した
特命セクション

「さがデザイン」は、県の施策をデザインの視点で磨き上げるというミッションを背負い、2015年に設置された組織だ。一般的に行政組織は縦割りで、意思決定は現場から上層部へと承認を仰いでいくピラミッド型の組織になっている。その結果、当初は独創的でとがったアイデアも、フィルターを通していくうちに面白みのないもの、ありきたりなものになりがちだ。これは多くの自治体が共通して抱えている課題だろう。

その現状を打破するため、佐賀県の山口祥義知事がトップダウンで指示し設けたのが、特命セクション「さがデザイン」だ。佐賀県で「さがデザイン」を担当する宮原耕史さんは、「行政は、元々法律で決められたことを、正しく執行する役割を負っています。だから、何か決まりがあることに対して、正しい答えを出していくのが得意です。ただ、最近言われている地域づくりや地方創生には正解がありません。正解がないことに対して答えを出していくということを、職員は訓練されていないんです。そういう組織でクリエイティブなアイデアを通そうとすると、とても時間がかかるし、アイデアも丸められてしまう。そこで、このピラミッドの外に意思決定の機能を置き、尖ったアイデアをそのまま出そうという試みが『さがデザイン』なんです」と話す。

そして、「さがデザイン」は県庁の活動の中にデザインの視点を取り込む試みでもある。「行政組織では、まず内部で職員が企画を立案し、必要に応じ外部の利害関係者のヒアリングを行って事業を形にしていきます。しかし、そのプロセスには、『そもそも』のコンセプトから物ごとを紐解いて考えるデザインの視点が足りないんです。『さがデザイン』の活動は、こうした行政の事業のコンセプトに、広義のデザイン視点を加えることでもあります」と説明する。

とはいえ、「さがデザイン」は設立当時は2名で始まった組織。自分たちだけで事業を立案したり、実施しているわけではない。「僕たちは必ず県庁内部の事業担当課と一緒に仕事を進めています。県庁内のジャッジにかけてしまうと通らなそうで困ったぞ、という時が僕らの出番です」。

その時に協業するのが、「さがデザイン」の強力な外部パートナーである、デザイナーなどクリエイターやコンサルタントをはじめとする専門家のネットワークだ。宮原

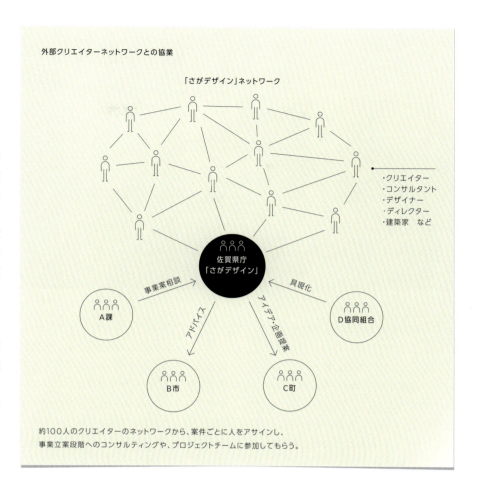

外部クリエイターネットワークとの協業

「さがデザイン」ネットワーク

・クリエイター
・コンサルタント
・デザイナー
・ディレクター
・建築家　など

約100人のクリエイターのネットワークから、案件ごとに人をアサインし、事業立案段階へのコンサルティングや、プロジェクトチームに参加してもらう。

さんは、「さがデザイン」の立ち上げに当たり、佐賀出身のクリエイターを中心に、約半年間、ひらすら人に会って回り、「佐賀のプロジェクトに協力してほしい」と話をしてネットワークを構築していった。その数は現在では約100人にのぼる。こうした専門家たちが「さがデザイン」を通じて事業立案のアドバイザーになったり、さらには、事業の実施プロジェクトチームの一員として協力している。

つまり、行政の職員が県庁内の事業部門と専門家の間に立って両者とつなぎ、理想的な形での事業の実現をサポートしているということ。行政では例を見ない、珍しい取り組みになっている。

宮原耕史(みやはら・こうし)
佐賀県 政策部 政策課
さがデザイン担当 参事

01「県庁CLASS」プロジェクト
　　（デザイナー：テツシンデザインオフィス 先崎哲進）
旧知事室、来賓室を子どもたちの学びの場としてリノベーション。「開かれた県庁」を体現する体験型施設として生まれ変わった。

02「勝手にプレゼンFES」プロジェクト
　　（仕掛け人：オープン・エー 馬場正尊）
さがデザインネットワークに参加するクリエイターたちが、佐賀でやってみたい企画を"勝手に"佐賀県に対しプレゼンを行うイベント。知事や100人近くの職員も参加し盛り上がった。

03 公式絵葉書
　　「HERE WE ARE. Regards, Saga.」
一般社団法人佐賀県観光連盟と企画・制作。これまでにない視点で佐賀の風景を切り取り、全国や世界に発信する。風景を添えてメールを送れるWebサービスも開発した。

コンセプトから考え直して
大変貌を遂げた「県庁CLASS」

設立以来、「さがデザイン」が関わった事業は、教育、産業、福祉など、あらゆる部局にわたる。その一例が、旧知事室、来賓室を子どもたちの学びの場として開放した「県庁CLASS」プロジェクトである。旧知事室に階段教室状の椅子を設置し、壁には子どもたちにわかりやすいようインフォグラフィックスなどを配置して、映像やパネルで佐賀県や知事の仕事について触れられる体験型施設にした。「旧知事室を保存して開放しましょうと言うと、古い調度品をそのまま置き、その隣に県政史を展示する…といった魅力に乏しい企画になりがちです。多くの人は、そこにわざわざ足を運ぼうと思わないでしょう。それならば、コンセプトからデザイナーに入ってもらおうということで、子どもたちが県庁のことを学ぶ場という新しいコンセプトを立てました。誰に対してどう見せるかから考え直したことで、アウトプットが大きく変わったんです」。

県庁内の職員は、「さがデザイン」と業務で関わることをどう感じているのだろうか。「僕らが関わると、その事業の担当者はめちゃくちゃ忙しくなります。僕らが『コンセプトから考え直しましょう』と言って現れて、前例のない作業が始まっていくわけですから。正直言って、その職員は大変です。でも、クリエイティブなことはやっぱり楽しいし、『こんな楽しいことが仕事になるんだね』ってにこにこして言いながら一緒にやっていくしかありません（笑）。その代わりと言っては何ですが、県職員の仕事の6割近い労力を占めている"上に通す"仕事を『さがデザイン』が肩代わりする。僕らが通すから、一緒に楽しいことをやりましょう、と訴えていくイメージです」。

クリエイターが県知事や職員に
「勝手にプレゼン」

「さがデザイン」ネットワークから生まれた「勝手にプレゼンフェス」は、クリエイターたちが佐賀県に対するプレゼンを自主的に行うイベントだ。「外部のクリエイターネットワークの中心メンバーの一人である

01

建築家の馬場正尊さん(オープン・エー)が、せっかく『さがデザイン』ができたのだから、自分たちでも盛り上げよう!と、東京にいる佐賀出身のクリエイターやデザイナーに声をかけてくれ、飲み会を開いたんです。知事もサプライズで登場し盛り上がりました。そこから企画が発展して、彼らをさらに佐賀にひきつける仕掛けとして、『勝手にプレゼンフェス』を一緒に企画しました。プレゼンをしたい人は自費で佐賀まで行き、1人5分の持ち時間で知事に直接アイデアを発表するというものです。5人ぐらい来てくれたらいいな…と思っていたら、10人も参加してくれて驚きました。県職員も自由に参加できるようにしたら100人近く集まって。ここで提案された案から今事業化に向け進んでいるものも4つあります」。

また、「さがデザイン」は、佐賀県庁からアウトプットされる表現物のディレクションに関わることもある。県の公式絵葉書を佐賀県観光連盟と制作するプロジェクトが立ち上がった際は、若い旅写真家を起用し、佐賀の日常の風景を独自の感性で切り取ってもらった。その結果、いわゆる"観光地の絵葉書"とは一線を画す絵葉書が完成した。

「普通ならぽんと制作を外注すればいいところに入っていって、定期的に編集会議を行い、どこをどんな狙いで撮るかをメンバー間で話し合って進めていきました。この絵葉書は実はWebと連動していて、サイトからも同じ写真をコメントを添えてメールで送れるようになっているのですが、これは、『佐賀のプロモーションなのだから、Webでもきちんと情報を出して現地に来られない人にも広めた方がいい』とデザイナー側が自主的に出してくれたアイデアです。絵葉書の予算内でやりくりして作ってもらった分、制作物に関わった人の名前をきちんとクレジットで出すようにしています。『さがデザイン』が関わると、普通の絵葉書もこうなります、という例です」。

こうした実績が認められ、2017年から「さがデザイン」の担当職員は4名へと増員され、さらに活動を広げていける体制が整った。多くの案件に関わってきた中で、事業とクリエイターのマッチングのノウハウが溜まり、県庁内のデザインに関わる情報が集約されるようになるなど、さらに新しい知見と役割も獲得しつつある。2017年にはグッドデザイン賞も受賞した。この先、「さがデザイン」から何がアウトプットされ、行政の可能性をどう広げていくのか、注目される。

02

03

044 | BRAIN SPECIAL EDITION

地域×デザイン展 2018
来場事前登録のご案内

会期：2018年2月～3月
主催：東京ミッドタウン・デザインハブ
企画運営：公益財団法人日本デザイン振興会
学校法人日本教育研究団　事業構想大学院大学

過去2回にわたり開催をしてきた地域×デザイン展では、デザインの視点で地域を見つめ、地域の問題を解決しているプロジェクト、地域に潜在する魅力を発見し伝えているプロジェクトを紹介してきました。第3回目の開催となる今回は「移動する」「働く」「つなぐ」をテーマとし、具体的にアクションを起こすフェーズに位置しています。意志ある人が拠点を移動しながら学び働くことで、文化や経済、人と人、まちとまちをつなぐ媒介者となり、熱量をつなげていく。小さな灯が連鎖し、点から線となり面へと展開していけば、日本全体が大きな熱量を持って輝いていくのではないでしょうか。

●地域×デザイン展とは
いま全国各地で地域の特色を活かした様々な取り組みがおこなわれています。
本展ではこのような取り組みの中でも、地域が持つ魅力を発見し、事業化しているプロジェクトを、
デザインの視点から分析、紹介します。会期中は、常設の展示だけではなく、トークセッションも連日開催します。

●展示
デザインには、課題を発見し解決すること、また魅力を発見し、それをよりよく伝え広める力があります。
デザインを活用して地域の産業や経済を動かし、コミュニティを醸成している地域プロジェクトを紹介しています。
また、全国から公募したプロジェクトを紹介します。

●イベント
地域の特色を活かした活動や、先進的取り組みをおこなう地域のキーマンや自治体のリーダーにお越しいただき、
トークイベントを連日開催します。

●事前登録
下記ホームページより、イベント参加の
事前登録が可能です。ご登録を頂いた方には、
イベントの詳細が決まり次第、
随時ご紹介していきます。
ぜひご登録下さい。
https://www.mpd.ac.jp/lds/pre-registration2017/

●お問い合わせ先
地域×デザイン展 運営事務局　info@mpd.ac.jp

CHAPTER 03

クリエイターが語る「地域活性」のデザイン

「地方創生」が叫ばれるずっと前から、地域を愛し、地域の仕事にライフワークのように取り組んでいるクリエイターたちがいる。D&DEPARTMANTの活動を通じて地域の魅力発掘と発信に取り組むナガオカケンメイさん、高岡や徳島など複数の拠点を第2・第3のホームにしながら活動する映像クリエイターの菱川勢一さんらに、クリエイターが地域にどう関われるのかを聞いた。

東京よりも圧倒的に面白い
地域の面白さに開眼

　僕がデザイナーになったのは18歳の頃で、とにかく東京に行かなければデザイナーにはなれないと思っていました。それで愛知から上京し、日本デザインセンターに入社し、原デザイン研究所の設立に参加したんです。ところが僕はそこで、毎日企画書ばかり書いていました。研究所内で僕は日々外を見て回って、世の中でこんなことが起こっていると原さんに報告する役割をしていたからです。

　そんな日々を過ごすうち、それまでデザイン業界の中のことにしか興味がなかった自分も、社会とデザインのつながりに関心を抱くようになりました。東京だけではなく地域にも興味が湧いてきて、各地の伝統工芸を見に行ってみると、実はオリジナリティにあふれたものがいっぱいある。それが少しずつデザインに見えてきたんです。その時「全国47都道府県のデザインが均一に上がっていったら、日本のクリエイティブはものすごいクオリティに成長するのでは？」とイメージが湧いたんです。

ながおか・けんめい
D&DEPARTMENT代表取締役会長。1965年北海道室蘭生まれ。1990年、日本デザインセンター入社。原デザイン研究所設立に参加。2000年、東京世田谷に「D&DEPARTMENT」をオープン。2009年より『d design travel』を刊行。日本初の47都道府県をテーマとしたデザインミュージアム「d47 MUSEUM」館長。2013毎日デザイン賞受賞。武蔵野美術大学客員教授。京都造形芸術大学教授。

　それがきっかけで最初に企画したのが、日本デザインコミッティー「デザイン物産展ニッポン」でした。伝統工芸などをテーマに47都道府県、各地のものを松屋銀座で展示する企画です。今ヒカリエで常設している「d47 MUSEUM」の原点です。松屋銀座で展示してみて気づいたのは、東京よりも圧倒的に面白い地域がたくさんあることでした。やはり、いわゆる主要都市だけでなく47都道府県を常に均一に見ることが面白いし、重要だと再確認しました。

　次に手がけたのがトラベルガイド『d design travel』です。それぞれの土地に行ってもらう方法は何か、さらに言えばその土地に定住者を増やすことを考えると、その土地らしさだけを抽出したガイドブック

東京視点と
地域の魅力を
交差させていく
―
ナガオカケンメイ
D&DEPARTMENT

日本各地に店舗を展開する「D&DEPARTMENT」に、デザイントラベルガイド『d design travel』の発行、渋谷ヒカリエのストアと食堂を併設した「d47 MUSEUM」を運営するなど、ナガオカケンメイさんは地域とデザインをテーマに多彩な活動を展開してきた。ナガオカさんが地域をテーマに活動する理由は何か、東京と地域の関わりをどうデザインしていこうとしているのか。

のようなものが必要。そう考え、毎号1県ずつ、最終的にすべての都道府県を取り上げる雑誌を創刊することにしました。

さらに、各地に根を張っていくために、「D&DEPARTMENT」というセレクトストアも作りました。『d design travel』を見てその土地に行った人たちが集合場所として使える"デザイン公民館"のような場がほしいと思ったんです。こちらも、将来的にはストアインフラとして、47都道府県に展開していきたいと考えています。

主役は土地の人、僕たちはアシスタント

お店を作るにせよ、トラベルガイドを作るにせよ、D&DEPARTMENTには大事な決まりごとがあります。それは「その土地の人から手が挙がったらスタートする」ということです。つまり、僕たちは主役ではないんです。特にこの県を攻めようといった意志も持っていないので、全国の地域を均等に見ることができる。

店舗は、その土地の個性をよそ者の目線で整理整頓し、人が集まるための場所として作っています。その土地に住んでいる人って、同じ土地のものをなかなか批判できないんです。人間関係がありますから。でも「ナガオカが、あれはダメって言ったよ」ということなら言える。そういううまい棲み分けの仕組みができるとダメなものは消えていくし、よいものは伸びていく。

『d design travel』の作り方もちょっと変わっています。手が挙がったら、まずワークショップをその土地で行います。だいたい、地元の人たちが100人ぐらい集まってくれます。その人たちを6つのグループに分け、このグループはその土地らしいカフェのことを議論してください、そちらは観光のことを…と1時間ぐらいテーマごとに話し合ってもらいます。その後、各グループに発表してもらって、候補に挙がったところを我々がしらみつぶしにまわって、調査をするというやり方です。

最近はその場に集まってくれた人たちがそのまま「D&D富山会」のようなFacebookグループになって、多いところでは500人ぐらいのコミュニティに広がりながら活動しています。そこに集まってくる情報も取材のベースになっています。

僕らは取材の方法もちょっと変わっていて、まずは客として通って、感動したら600字の原稿を勝手に書いてしまうんです。写真も盗み撮りして(笑)。もちろん、それをそのまま載せるのではなく、お店の人に改めて「実はこういう雑誌を作っていて、このような原稿で載せたい」と見せて、写真を正式に撮り直して、取材して原稿も修正します。通常のスタイルとは全く違いますよね。大変そうとよく言われますが、軸である"感動ポイント"は変わらないので、そんなに大幅に変更することはないんですよ。まあ、何度も通うので取材費は大変なことになりますが(笑)。

雑誌ができあがると、今度はお礼参りで編集部で取材先を回ります。そんな取材をするので、たぶん普通の雑誌の数倍は歓迎されるんじゃないかな。その間じゅうTwitterでずっと中継したり、夜はここで飲みましょう、みたいなことを発信して盛り上がっています。

地域に小さくてもコミュニティを必ず残す

地元の人は自分たちが住んでいる土地の個性が見えなくなってしまうことがあります。そこで、我々よそ者(編集部)が2カ月間そこに住んで、取材を重ね、客観的な目線で形にしていくことで、自分の県の個性に気づいてくれる。さらに、雑誌を見て世界中からその個性目がけて旅行客がやってきてくれる。それを目の当たりにして、個性をどう大切にしようかという発想が生まれる。そうやって、地域により個性的な活動が生まれればいいと思う。

僕たちが一番大切にしているのは「土地

04

に根を張ること」です。田舎に東京っぽい何かおしゃれな店を雰囲気だけ真似して作ったところで、それは絶対に根付かないんですよ。"その土地らしいことをその土地の人たちがやる"からこそ根が張る。それがたとえ小さな根(コミュニティ)でもいいから、地元の人たちが自分たちでつくったという事実がないと、すぐになくなってしまうと思います。

伝統工芸品にしても、その土地に旅行者が行って、そこで見て感動して買うというのが一番いい形だと思います。僕たちのテーマはどこまでいっても"その土地らしさ"なので、「観光地に行ったら、地元のお土産が買える D&DEPARTMENT に行ってみよう」と思われるような状況を全国につくりたい。お店のオープンと共に雑誌ができあがるというのが僕たちにとっては一番美しい形で、読者がそのままお店のお客さんになってくれたら素晴らしいと思います。

『d design travel』は年間3冊ずつ出していますが、県で1冊なので、例えば既に出ている大分版の第2弾が出るのはすべての県が出揃う十数年後になってしまいます。それまで待っていられないと思うので、「3年に1冊ぐらいは自分たちで作ってみるのはどう？」という気持ちで、レイアウトデータなどは地元の人たちに渡してしまうこともあります。編集長は我々が務めて、品質はキープして、取材や執筆などの実際につくる作業はお任せしてしまうと。これは大変な作業なので、あまり大きな声では言わないようにしていますが…（笑）。

D&DEPARTMENT のお店もフランチャイズとしての最低限のルールは設けていますが、とことん地元に根を張ることを再優先にしているつもりです。

――

地域ブランドは
三位一体で作り上げていくもの

30年くらい前に、東京のデザイナーたちが地域に行って、地域の産品をデザインするというブームがありましたが、名の知れたデザイナーも含めて、色々な失敗がありました。ほとんどがうまくいかなかったと思います。今でも当時を知る人たちに「デザイナーです」と言ったら、それこそ石を投げられますよ。

それでも今再び地域とクリエイターが関係を結ぼうとしているのは、伝統工芸の担い手が若返ったり、デザインへの関心が高い経営者が増えたからだと思う。行政も同じでしょう。より積極的にデザイナーと関わりたい、言い換えればデザイナーの使い方を知っていて勉強している人が増えている。だから、デザイナーたちが優秀だという以前に、行政の中で感度の高い人が増えてきて、その人たちが成功に導いているということに尽きるんじゃないでしょうか。行政、地元の人たち、そして僕らクリエイターが皆でバランスよくつくりあげていく。それが地域ブランドの理想だと思います。

01 東京 世田谷の「D&DEPARTMENT」。2000年にオープンした1号店。

02 静岡市の「D&DEPARTMENT SHI-ZUO-KA by TAITA」。地元で地産地消のレストランなどを手がける企業との共同経営。

03 2012年にオープンした渋谷ヒカリエ内の「d47 MUSEUM」。47台のテーブルに47都道府県の物産などを展示する。

04 日本をデザインの視点で旅するトラベル誌『d design travel』。観光、レストラン、買い物、カフェ、宿、人という6つの分類を元に、その土地らしい情報を紹介していく。

BRAIN SPECIAL EDITION | 049

よそ者の
視点で見れば
地域は発見の宝庫
―
田中淳一
POPS

鳥取市や松山市の仕事など、
地域活性化の仕事に多数携わってきた
POPSの田中淳一さん。
地元の人には発見できない地域の魅力も、
外から来たよそ者だから発見できるという。

地域の仕事をするために独立

2014年にアサツー ディ・ケイから独立してPOPSを立ち上げました。アサツー ディ・ケイでは大手メーカーなどの大きなキャンペーンを多く担当しており、仕事は充実していたのですが、コンペ続き、徹夜続きの働き方にふと疑問を感じてしまったんです。「自分たちのしているこの仕事は、一体何に結びついているのだろう？」と。

そんな頃に海外広告賞の審査員をする機会があり、世界の事例を見て「コミュニケーションも社会の課題を解決する手段になるんだ」と気づきを得る機会がありました。その後3.11が起き、東北や自分の出身県の宮崎のような地元で一生懸命頑張っている人に対して、自分は一体何ができるのかと考えるようになったんです。

その後初めて手がけた地域クライアントの仕事が、2011年に手がけた今治の「七幅タオル」のアニメーションCMです。それまで自社から情報発信をしたことのなかった地場企業が初めて公開したアニメーションに、海外からも反響が届きました。クライアントもそこに大きな手応えを感じていて、自分がこういう場所で必要とされていると感じたんです。

この仕事がきっかけとなり、横のつながりで地域の仕事が広がっていきました。そして44歳で独立。今では、全体の約8割を地域の仕事（自治体、地域のクライアント）が占めるまでになっています。

―
自虐ではなく地元に誇りを
「すごい鳥取市」キャンペーン

地域のキャンペーンを企画する際に気を付けているのは、こちらの考えを押し付けないことです。「今はこういうものがいいんです」や「このくらいやらないと目立ちませんよ」ということは極力言いません。

一時期、自治体の自虐ネタが多く登場しましたよね。確かに全国からは注目されるかもしれない。けれど、地元にいる方は、実は結構寂しい思いをしていたりします。目立たなければいけないけれど、地元のプライドを損なってまでやることはない。そのバランスには非常に気を使っていますし、地元の方に積極的に参加してもらえるフォーマットにするように心がけています。

2014年に開始した「すごい！鳥取市」は、鳥取市のブランディングキャンペーンです。「鳥取県には"スタバ"はないけど、日本一の"砂場（スナバ）"はある」とかつて平井伸治県知事が言って話題になりましたが、地

たなか・じゅんいち
POPS クリエイティブディレクター。アサツー ディ・ケイを経て、2014年12月、「Social」「Local」「Global」をキーワードにPOPS設立。最近手がけた地域の仕事に、愛媛県松山市、鳥取市、沖縄県今帰仁村など自治体のブランディング、福岡県須恵町の町勢要覧リニューアル案件などがある。

01　今治市七幅タオル
　「TOWEL STORY（父と娘篇）」（2011）
今治のタオルメーカーのブランディングのためのアニメーションCM。

03　鳥取市「すごい！鳥取市」Webサイト
鳥取市民が見つけた市の魅力100点をWebサイトで紹介する企画。ユニークなキャッチフレーズと浅田政志さんの写真で鳥取市の「すごい！」を掲載。アートディレクションはサン・アドの田中誠さん。

04　鳥取市公式フォトガイドブック
『すごい！鳥取市 100 SUGO! BOOK』
2年目には「すごい！鳥取市」のネタを書籍化し、旅行者が持ち歩けるガイドブックに。PR動画全盛の中、あえて書籍というフォーマットを選択。

01

元の方々も、特に若い人ほど「ここには何もない」と言うんです。ならばということで、一番最初に提案したのは「なにもない市鳥取市」だったのですが、さすがにこれは怒られて（笑）。そこから、逆に自分たちですごいところを見つけようという発想で「すごい！鳥取市」を企画しました。

鳥取市民とワークショップを通じて見つけた市の魅力100点をWebサイトで紹介する企画なんですが、「何もない」と言っていたのに、実は掘り起こしていくと色々なネタが出てくるんです。よく、地域のいいところを尋ねられると、「食べ物がおいしくて、風光明媚で、温泉があって」…と地元の方はどこでも同じようなことを言います。けれど、枝葉末節に入っていくと、その地域の独自の面白さが見つかるんです。カメラマンは浅田政志さんで、浅田さんは地域が大好き。街の人の中にすっと入っていって、明るい表情を撮るのがとてもうまい。その抜群の演出力もこのキャンペーンの大きな力になっています。

2年目の2015年には鳥取市公式フォトガイドブック『すごい！鳥取市100 SUGO! BOOK』も出版されました。このガイドブックにはクーポンもついていて、本を片手に旅行客が鳥取市内を巡れるようになっています。1年目はシティブランディングを目的にし、2年目は観光に力を入れた形です。

そして3年目からは、鳥取市からの要請による移住定住促進施策として、新たに「すごい！鳥取市ワーホリ！」キャンペーンを始めました。2016年から企業のストレスチェックが義務化されましたが、鳥取県は実は女性のストレスオフ（ストレス指数）が全国一低いという調査結果（メディプラス研究所調べ、2016年4月発表）があるんです。鳥取市には移住を検討する人が短期滞在できる居住体験施設もあるので、都会

BRAIN SPECIAL EDITION | 051

05 鳥取市「すごい！鳥取市ワーホリ！」動画。3年目は移住定住施策の一環として、都会から若い男女3人が2泊3日で鳥取市の生活を体験する動画を公開した。

06 鳥取市では郵便局が「すごい！鳥取市」デザインのポストを自主的に作ったり、地元のタクシー会社がオリジナルデザインのタクシーを作ったりと、キャンペーンが浸透中。

07 松山市「マッツとヤンマとモブリさん」「移住お遍路MOVING5」キャンペーン。独立後初めて手がけた地域の仕事は、愛媛県松山市のブランディングプロモーション。2013年から継続し、2015年以降は移住定住プロモーションとして展開している。

からやってきた男女3名がこの施設に滞在しながら鳥取市の生活を体験する動画も公開しています。

地域の施策は一発打ち上げ花火ではうまくいかない。数年スパンのグランドデザインにしないと息詰まります。鳥取市でも「すごい！鳥取市」の施策をベースに置きながら、ブランディング、観光、移住定住と、新しい展開を生み出しています。

商品はコモディティ化しても地域はコモディティ化することがない

僕が究極的に実現したいのは、東京から人を分散させることです。東京と地域の人の行き来をもっと作りたい。ネットによって情報発信しやすくなったことで、街の思いや地域の持つポテンシャルは伝えやすくなっている。僕らの仕事は、それをストーリーの形で届けること。人と地域のマッチングは以前よりしやすくなっています。

2020年の東京五輪は、日本の最後のカンフル剤になるでしょう。五輪が終われば、世界からの投資も減るはず。その後は、僕たちが自ら地域を盛り上げていかないといけない。そのために有効なのが、東京と地域のクリエイティブ格差をなくしていくことだと思っています。自分の仕事でも、なるべく地元のクリエイターと組むようにしていますが、東京と地域のクリエイターにはもっと交わってほしいです。

各地を回って強く思うのは、「地方はコモディティ化しない」ということです。商品はコモディティ化する。でも地域はそれぞれ驚くほど違います。さっきも言ったように、「食べ物がおいしくて風光明媚で…」と皆さん言うことは一緒です。でも、よそ者の視点で見ると面白いものが地域には山ほど詰まっている。これまで表現するボキャブラリーが足りなかっただけなんです。その豊かさを僕たちのような人間が引き出し、発信していくことが、今の日本の閉塞感を打ち破ることにつながると思います。

「地方創生」は東京目線の言葉

菱川勢一
ドローイングアンドマニュアル

徳島、金沢、尾鷲、仙台、高岡…
日本全国さまざまな地域で、
ドローイングアンドマニュアルは動画を制作し、
地域イベントのプロデュースを行ってきた。
東京の他に、神山と金沢にもオフィスを構えている。
同社が地域と深く関わりを持つ理由を、
代表の菱川勢一さんに聞いた。

ケンカからはじまった!? 高岡の仕事

数年前に富山県高岡市の職人の集まり「伝統産業青年会」と高岡を盛り上げるための短篇映画『すず』をつくりましたが、彼らとの最初の出会いはひどいものでした。丸の内のハーマンミラーストアで「職人気質の未来」をテーマにしたトークイベントがあって、高岡の鋳物職人や漆器職人の登壇者に混じって、なぜか映像作家の僕も呼ばれたんです。

その対談で職人さんが「漆のiPhoneケースを作っていて1万円で売っている」と紹介していたので、僕は「そんなダサいケースを誰が買うんですか？どこで売ってるんですか？」と正直な気持ちを口にしました。でも、職人さんは「自分たちは作り手だから」と、質問に答えられなくて。僕はそれではダメだと思ったんです。映像業界では同じ作り手のディレクターがニーズや公開場所、予算なども必ず考えます。「マーケティング的なことはプロデューサーの仕事でしょ」と言ったら、絶対に次から声はかかりません。

さすがにその場ではそこまで言わずに終了しましたが、後で聞いたら彼らの僕に対する印象はひどかったらしい(笑)。そんなことは全く知らずに過ごしていたら、伝統産業青年会の会長が「東京に行くので飲みませんか？」と声をかけてくれたんです。彼らは5、6人いて、説教してやろうと思っていたそうですが、僕はそこでもマーケティング視点の必要性や他の業界よりも遅れていることなど、思っていたことを全部伝えました。

その中で「そうはいっても、菱川さんは現場を見てませんよね。一度高岡に来てください」と話が出たので、その週末にすぐに行き、職人さんの工房を回りました。回りながらこれはすごい！と感嘆して打ち解

ひしかわ・せいいち
映像演出、舞台演出、空間演出、3DCG製作など横断的な活動後、ドローイングアンドマニュアルの設立に参加。ニューヨークADC賞、ロンドン国際広告賞など国際的な受賞多数。2011年武蔵野美術大学教授就任、監督を務めたCMがカンヌライオンズで三冠受賞、初の巡回写真展を開催した。2013年には短編映画を初監督、2015年メディアアート作品をミラノ・ニューヨークで発表、東京ミッドタウンでの展覧会ディレクションなど活躍の幅を広げ続ける。

01 高岡市 ニッポン・ローカルショートムービー「すず」（2013年）
富山県高岡市を舞台に、鋳物職人の家に生まれた夫と結婚を機に高岡にやって来た妻が、自分の夢と現実のはざまで葛藤する姿を描く。笑いあり、感動ありの短編映画。

01

けて、夜には市長も参加しての大宴会になったところで、「はじめは腹が立ったが、よく聞けば菱川さんの言っていることは筋が通っている。みんなで予算を集めるからPR映像をつくってほしい」とお願いされたんです。それならばただ美しいだけの紹介映像ではなく、短篇映画を作りたいと話をしました。

「まずは郷に入れ」の精神で

それからは「まずは郷に入ろう」と、高岡地域の飲み会にとことん顔を出しました。映画は、商店街総出の協力の下での撮影になりました。今でもやりとりは続いていて、「いつこっちに引っ越してくるの！」と言われるぐらいです。僕は海外撮影に行ってもガイドブックやネットは見ず、わからなければすぐ街の人に必ず聞きます。そうすると、「そこよりももっといい店があるよ」という風によりいい情報が入ってくることを知っているからです。これは地域で仕事をするときも同様で、徳島では居酒屋で知り合ったおじさんに初めて「農村舞台」に連れていってもらい、驚きました。徳島の農村の各神社には舞台があって、そこで農家の方が先祖代々継承されている文楽をやるんですよ。奥さんが三味線を弾いて。

その文楽を聞いて、銀座で上演したらチケットを1万円で売れるぐらいのクオリティじゃないかと驚きました。僕のような外部の人間はWebで発信すれば多くの人が見ると考えますが、彼らは観光のためにやっているわけではないので、発信する必要性も感じていない。その感覚の違いを知ったときに「地方創生」という言葉の意味を考えさせられたんです。

「地方創生」という言葉に
抱く違和感

「地方創生」という言葉には「東京に『地方はいいよ』とPRする」という東京目線の感覚があると感じます。実際に地方に行ってみると、子どもは少なくなっていて、多少の寂しさはあるものの、農村舞台のような素敵な文化と共に、幸せな循環の中で暮らしている人たちがいることも事実。それを東京の人が見て「お年寄りばかりでまずいんじゃないか」と心配している。つまり、地方の人からすると「地方創生＝余計なおせっかい」というケースもあるんです。

ドローイングアンドマニュアルは徳島県神山町にもサテライトオフィスを構えていますが、地元の名士・大南信也さん（NPOグリーンバレー理事長）は「東京から癒しを

02 徳島県「vs東京」(2014年)
徳島県のプロモーションや各事業展開のための共通コンセプト「vs東京」とそのコンセプトムービーを発表。
03 「徳島国際短編映画祭」(2016年)
「vs東京」の一環で行われた、西日本初の本格的な国際短編映画の祭典。
04 徳島県神山オフィス
05 石川県金沢オフィス
06 尾鷲物産「世界の尾鷲」(2016年)
三重県尾鷲市から発信する、高校生4人組の葛藤を描いた青春ショートムービー。

06

求めて移住されても困る。なぜなら（そういう人には）生産性がないからだ」と言っていました。つまり、東京から来て、貯金を切り崩しながらのんびりされただけでは、村にとってプラスにならないんですよ。神山の本来の狙いは、主要産業がないこの地域で、しっかり生産性のある仕事をしてもらって、きっちり税金を落としてもらいたい、ということですから。綺麗ごとのように「田舎暮らしをしませんか？」というPRをすると、のんびり暮らしたい人たちが集まってきてしまうので、僕らコミュニケーションを担う人間が正しく伝えることはとても大切です。

一方で、IT企業でバリバリ働いていた人が、神山に移り住んで本格的なレストランを出したケースもあります。そこでは鶏やヤギを裏庭で育て、自分でさばいて、料理にして出しています。齊藤郁子さんの「カフェ オニヴァ」というビストロです。斉藤さんもそうだと思いますが、僕にとって神山は「少し先の未来」が見える場所なんです。農業などの一次産業をないがしろにすれば僕たちの未来が大変なことになることは誰もがわかっていると思いますが、地方にはまだそれが豊かに残っています。だから、いち早く危機感を覚えた人が地方に集まっている。

人工知能といったテクノロジーを農業などの一次産業にうまく活用できれば素晴らしいことだと思いますが、少なくとも「地方創生」という言葉は、東京の価値観を地方にもっていって、均質化することではありません。僕は現代の知恵とテクノロジーを投入して、価値観の原点回帰をしていく作業が「地方創生」だと思っています。

"地元"のプライドを最大化したい

先日NYに行き、エースホテルに泊まりました。そこのホテルスタッフは、皆イケイケで、タメ口で生意気なんですが（笑）、「NYでトップクラスのヒップなスポットの従業員である」というプライドに満ちあふれていました。そのマインドは地方創生の観点でも重要で、東京に何かしてほしいというムードが出がちですが、僕は地方に「いちいち東京を見なさんな」と言いたい。

徳島県の「vs東京」キャンペーンもその気持ちで作りました。メディアには「徳島が東京にケンカを売っている」と書かれましたが、アンチ東京というよりも、「東京なんて見るな」と徳島県民に向かってメッセージしたかったんです。2年後には、vs東京で「徳島国際短編映画祭」を開催しました。この時も東京には一切PRせず、徳島の人達をいかに集められるかを意識して。映画祭という発想は東京の人間だったからできたかもしれないけれど、狙いは徳島の人たちに「地元って面白いじゃないか」と思ってもらうことです。札幌国際短編映画祭との連携のおかげもあり、開催1年目にして約5000人もの来場者を迎えることができました。東京を飛び越える、地域to地域の流れがもっと増えてほしいと思っています。

「東京 is not Japan」
本当の日本は地方にある

三重県尾鷲市の『世界の尾鷲』というムービーも、地元の人たちに誇りを持ってほしいというメッセージを込めました。クライアントの尾鷲物産の依頼は、「優良企業なのに若者の就職希望がないので、リクルート目的のムービーを作ってほしい」ということでした。

それが青春映画のような一風変わった作りになった理由は、社長の「東京でワンルームの狭いマンションで、休みもない安月給暮らしをするより、うちは夕方4時半に終わるし、土日も休み、給料も倍出す。ここで暮らせばおいしい魚が毎日食べられるのに、なぜ東京のテレビ制作会社みたいなところに行くのか」という話を聞いて、地元の若者の価値観を変えたいという強い思いを感じたからです。僕らにとっても耳の痛い話ですよね。

「New York is not America」という言葉がありますが、同じように「東京 is not Japan」、つまり本当の日本は東京ではなく地方にあると僕は思っています。つまり、「地方創生」ではなく、「日本創生」。地方を元気にすることが、そのまま日本を元気にすることになるのだと思います。

BRAIN SPECIAL EDITION | 055

地域の「インタウンデザイナー」として生きていく

新山直広
TSUGI

漆器や眼鏡づくりの産地として知られる
福井県鯖江市で、
「デザイン＋ものづくりユニット」を
標榜するクリエイティブカンパニー「TSUGI」。
デザインワークにとどまらず、商品開発、店舗運営、
イベントやセミナーの企画運営まで取り組む。
地域で活動するデザイン会社の
1つのモデルケースを確立しつつある。

01

まちづくりへの興味から
デザイナーへ

　福井県鯖江市にある河和田地区は人口約4300人の小さな町で、越前漆器や眼鏡などのものづくりが盛んな地域として知られている。そこでデザイン＋ものづくりユニット「TSUGI」を設立し、地域活性のために活動している新山直広さんは8年前に就職で京都から河和田町にやってきた移住者だ。「京都精華大学では建築を学んでいましたが、当時、准教授だった片木孝治さんが面白い方で、『これからは建築の時代じゃない。地域づくりの時代だ』と言っていて。興味を惹かれた僕は片木さんの設計事務所でアルバイトするようになり、彼が運営する河和田アートキャンプにも参加したんです」。
　河和田アートキャンプとは2004年の福井豪雨を契機にはじまったイベントで、学生が主体になって行っている地域づくりプロジェクトだ。「最初は田舎で行われているアートイベントぐらいに考えていた」という新山さんだが、そこで人口減少問題やストック活用の重要性などを目の当たりにし、建築のデザインよりもまちづくりの重要性

を初めて肌で感じたという。卒業後は片木さんの設計事務所に就職する予定でいたが、「地域づくりの会社を別につくるからそこのスタッフに」と言われ、河和田町に新設された応用芸術研究所の"唯一の社員"として、京都から移住することが決まった。
　まちづくりに魅力を感じていた新山さんはポジティブな気持ちで移住したが、待ち受けていたのは辛い現実だった。「就職して1カ月で挫折しました。新卒の僕にできることはたかが知れているし、社長とは遠く離れていて意思疎通もままならない。知り合いは隣に住んでいるおじいちゃんとおばあちゃんだけでした」。2009～2012年の3年間、孤軍奮闘をしたが、地域づくりでは思うような結果を出せず、「自分は地域づくりに向いてない」と自信を失った。
　ただ、得るものもあった。きっかけは市

役所からの委託で行った越前漆器の産業調査だった。「全く売れていないし、ワゴンセールでたたき売りされている状況を見て、この町にはブランディングが必要だと痛感しました。河和田はものづくりの町だから、そこが元気にならないと町も元気になりません。だから僕はものづくりを支援するために、売れるデザインと流通までを考えられるデザイナーになろうと決意したんです」。新山さんが"売れる"を強調するのには理由がある。過去に河和田の職人が有名デザイナーに依頼したところ、商品は全く売れず、それでいてデザイナーだけが注目されたという苦い記憶がこの町にはあるからだ。「この町では売るところまで計算しないとデザイナーとしてはやっていけない」。新山さんは河和田町の現実を見てそう確信した。

02

TSUGIは県内の仕事が95%　オリジナルブランドも手がける

「デザイナーになろうとしているんだって？ 就職先がなかったらうちへ来い」。そんな電話をくれたのは鯖江市の牧野百男市長だった。大学や応用芸術研究所でデザインの仕事を全くしていなかった新山さんは、一度、東京や大阪でデザインを勉強しようと考えていた。「ありがたかったですね。実は僕はアートキャンプ参加者の鯖江市移住者第1号ということもあって、行政的な意味合いでもまだ帰されへんと（笑）。ちょうど市が眼鏡のブランディングに力を入れはじめた時期で、市役所にデザイナーが1人くらいいてもおかしくないだろうと、すんなり市役所で臨時職員として働くことが決まりました」。

鯖江は4人以下の事業所が非常に多い街で、デザイナーのいる会社はほぼない。そこで市としてこうした企業の広報業務を担う仕組みが必要で、新山さんはその業務を担当していた。「とはいえ、それまでデザインなんてしたこともない。当時は仕事が終わって夜な夜なトップクリエイターの作ったチラシなどをスキャンし、トレースする作業を1年近くしていました。文字組みってこういうことかとそれで学んでいって。意外と若い人にも勧めたい方法です」。

新山さんが独学でデザイナーに転身した頃と同時期に木工職人や眼鏡職人の若手志望者が鯖江に多数移住してきた。「彼らと飲み会をすると、鯖江はものづくりに元気がないという話によくなりました。でも、それだったら自分たちの力で、クリエイティブで面白い産地にしようと盛り上がって」。それをきっかけにして2013年に6人の仲間と「TSUGI」を結成した。名前には、「"次"の世代である若者がものづくりや文化を"継ぎ"、新たなアイデアを"注ぐ"ことでモノ・コト・ヒトを"接ぐ"」という思いが込められている。

「僕は市役所で働いていたときに鯖江の弱みを実感していました。OEMと呼ばれる下請け仕事が多いので、地域のブランド力が弱く、結果的に価格競争に巻き込まれ、後継者が育たなくなるという悪循環に陥っているんです。だから、僕たちはTSUGIで自分たちのブランドをつくって、ちゃんと売ろうと考えました」。メガネの素材を活用した自社アクセサリーブランド「Sur」の製造・販売を手がける一方で、他社のブランディングも引き受けている。「Surの売上は全体の3〜4割ぐらいを占めていて、今年は1千万円を超える予定です。他社ブランディングは鯖江での仕事を見た人から依頼があるので、今の割合は福井県内が95%で、そのうちの70%を鯖江市内が占めています。残り5%ぐらいが県外ですね。紹介が紹介を生んで、どんどん広がっています」。

産地をつくるための体験型マーケット「RENEW」を企画・運営

TSUGIは鯖江を盛り上げるためのイベントも企画・運営している。その1つが河和田町で2015年から毎年10月に開催されている体験型マーケット「RENEW」だ。普段は閉ざされている工房の仕事場が公開され、ものづくりのワークショップへの参加や産品の購入が可能になる。2年目には参加企業数が22から37社に増えるなど、県内外からの注目を集めているイベントだ。

新山さんはRENEWを企画した理由について、「ものづくりの大きな流れは、気づく、つくる、売る、伝える、だと思っています。つくったら売ることが大切で、この流れが寸断してはいけません。"売る"を企画にするためにこのイベントを仕掛けています」と話す。もう1つの大切な目的は"生産者に気づきを与える"ことだ。「一般の人に工場見学をしてもらうことで、生産者（出展者）にも普段は気づかないことを発見してもらいたいんです。インナーブランディングとも言えるかもしれません。気づきを持った生産者を増やすことが河和田を"創造産地"にするために不可欠だと思うので」。"創造産地"とは西粟倉や丹波篠山が提唱

TSUGI
デザイナー・職人など6人で構成。眼鏡、漆器など地場産業が集積する福井県鯖江市で開催されている河和田アートキャンプに参加したことをきっかけに移住。2013年TSUGIを結成、産地に寄り添うデザイン会社として、デザイン・ものづくり・地域といった領域を横断し、創造的な産地づくりの構築を目指している。

01　TSUGI代表／デザインディレクター　新山直広さん
02　TSUGIオフィス。河和田町の中心部に位置する錦古里漆器店の1階にオフィスを置く。元々ショールームとして使用していたスペースを借り、セルフビルドしている。TSUGIのメンバー6人は全員大阪出身。

BRAIN SPECIAL EDITION | 057

する「創造的な農村をつくる―創造農村」というコンセプトに感銘を受けて新山さんがつくった言葉だ。"つくるだけの産地"から脱却し、自ら考え、発信していける"創造産地"に変化することが、今後は重要だと考えている。「色々な人材がここに入ってきて、ものづくりを軸に人や町、モノが渦のように回りだす。そんなイメージですね」。

現在、TSUGIでは「創造産地をつくる」をビジョンに掲げ、3つの軸"支える・つくる・売る"をベースに地域のブランディングを行っている。「僕らは産地に寄り添うデザイン会社として、地域社会において何が大切で、何が必要かという問いに対して、デザイン・ものづくり・地域といった領域を横断し、リサーチと実践を繰り返しています。そうやってこれからの時代に向けた創造的な産地づくりの構築を目指している最中です」。

――
「インタウン」デザイナーとして
地域にできることを考える

　創造産地をつくる働き方を新山さんは「インハウスならぬ『インタウン』デザイナー」と表現する。「デザインに関しては町医者みたいな感覚で呼んでもらえるポジションを目指しています。町医者は医療だけでなく、住人の心のケアなど、さまざまなことを担っていますよね。僕たちはまだそこまでできていませんが、高知の梅原真さんはまさにそういう立場だと思います」。インタウンデザイナーは軸足をデザインに置きつつも、地域のためにプラスになることは、たとえデザイン以外でも自ら考えて、実践する人たちだという。

　ここまで町のために働こうと考えるのには「町のため」だけではなく、新山さんはそれが「自分たちのため」でもあるとわかっているからだ。「地域と運命共同体というか、一蓮托生という感覚はすごくあります。河和田が廃れるということは、そこと密接にリンクして働いている僕らの会社もダメになるということですから。ただ、今は河和田でも危機感を持っている会社や人とお付き合いができているし、みんなが『自分たちで何とかせんとあかん』という覚悟を持

っているので、それは幸せなことだし、強みであると思います」。

　既にTSUGIは河和田で"町医者"的な立場を確立しつつある。「この前は『儲からなさすぎて職人として生きていけない。とりあえず相談したい』と電話がありました。その人に会って、話を聞いて、一緒に考えた結果、商品開発費をかけずに商品をつくろうという話になりました」。そのとき新山さんが取った方法は、杉が生えている近隣の山の管理者に許可を取り、自分たちでチェーンソーを使って杉を伐採し、杉のプランターをつくるというもの。「どこまでをTSUGIの仕事としてお金をもらうかは今の悩みどころ」と笑う新山さんだが、インタウンデザイナーとして信頼されていることがよくわかるエピソードだろう。

「TSUGIには僕を含めてデザイナーが3人いますが、誰ひとりとしてデザインをちゃんと学んだ人間がいません。だから、決められた型がないし、デザイン業界との変なしがらみもありません。それが結果的によかったのかもしれませんね」。

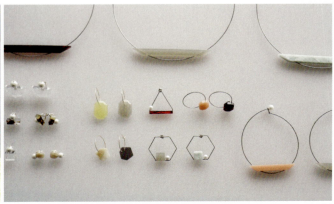

地域で活動するデザイン会社の
1つのモデルケースになりたい

　大阪から福井へ移住して約8年。現在はTSUGIのデザイナーとして町に溶け込みながら仕事をする新山さんだが、ここまで決してスムーズにきたわけではなかったという。「移住してきた人が地域で活躍するためには、最低3〜4年は必要だと思います。僕は地域活動を積極的に手伝ってコミュニケーションを深める努力はしてきたし、郷に入っては郷に従えと考えて、最初の4年間は自分の意見を言ったこともありませんでした」。

　「郷に入っては郷に従え」を実践しながらも、新山さんはよそ者だけがもつ"県外観"を維持することも大切にした。「自分が大阪という都会で育ったことはラッキーだと思っています。それは都会の視点と地域の視点の両方を持つことができるからです。河和田での自分の存在価値はそこだと思っているので、2つの視点を5:5ぐらいで持つことを意識しています」。

　無意識で暮らしていると地元の感覚にどっぷり染まってしまう。「バランスが大事です。地元の企業に無理な納期や変なことを言っては絶対にダメ。でも、外部の視点で『ちょっとチャレンジしましょう』と言うのも大切なんです。以前は意見を全く言わなかった僕が発言するようになって、地元の重鎮からは面白く思われずにいざこざもありましたが、今までの当たり前を踏襲しただけでは僕らの世代では絶対に通用しないという危機感で動いています」。

　TSUGIの今後の課題は地元の無関心層をいかに減らしていくかだ。「全体の7割は無関心層、3割が考える層だとすると、今の僕たちは3割の人たちとしか仕事をしていないので、7割の人たちにどうアプローチするかということを考えています。福井は裕福な土地柄なので、今のままで何もしなくてもいいと思う人も結構いるんです。RENEWなどで気づきの機会をつくり、7:3を徐々に6:4、5:5へと変えていけたらと思っています」。

　新山さんには「TSUGIの地域での働き方がこれから地方で新たにやっていくデザイン会社にとって1つのモデルケースになれば」という目標もある。TSUGIの福井での挑戦はこれからも続いていく。

03 河和田町で開催される体験型マーケット「RENEW」。工房の仕事場が公開され、ワークショップへの参加や製品が購入できる。毎年10月に開催される。

04 メガネの廃材を活用した自社アクセサリーブランド「Sur」とそのイメージビジュアル。メガネの素材は軽くて透明度が高く、植物由来のプラスチックなので肌に優しい。そこからアクセサリーに向いていると考えた。

05 各地のオープンハウス（新築会場）をお店にするプロジェクト「Lifescape」。「建てる人・暮らす人・作る人・楽しむ人、みんなをハッピーする」をコンセプトに、建築家・大工棟梁・作家、デザイナー・セレクトショップオーナー・フォトグラファーなどで異業種による生活価値提案ユニットを構成。

06 福井新聞社と共同で行った体験型の食イベント「FUKUI FOOD CARAVAN vol.02『かわだ くらしの晩餐会』」のデザインディレクションを担当。使われていなかった温室を1日限りのレストランに見立て、参加者は伝承料理のフルコースを味わった。

地元の仕事に真剣に取り組むことが「まちづくり」になる

羽田 純
ROLE

ROLEの羽田純さんは、
大阪から富山県高岡へとIターンし、
以来この地で地元に根ざした活動を行っている。
デザインの仕事をしているが、
自身を「デザイナー」でも
「アートディレクター」でもないと話す。

**小手先のデザイン仕事は受けない
「アクション」から関わっていく**

富山県高岡市に事務所兼ギャラリーを構えるROLEの羽田純さんは、地元の伝統産業の職人や企業・店舗のための仕事を主に行っている。アートディレクションを担当する「高岡伝統産業青年会」では、一貫して「技術や商品よりも職人が主役」を信条に職人似顔絵入り名刺などの各種ツールをデザインしてきた。

「地元のものづくりを発信したい！と言っていた20代の時に、『それなら、リアルなものづくりの現場を見てみたら？』と人に勧められて、職人でもないのに青年会に飛び込んだんです。職人の集まりに異業種がいきなり入ってきたので、相当いぶかしがられて。最初はセルフプロモーションについての提案も、なかなか聞き入れてもらえませんでした」。それから少しずつ職人との距離を縮め、外からやってきた人間ならではの目線で、青年会に必要なものを探してめげずに提案していった。

「高岡の職人は人懐っこくて、ガラが悪い（笑）。けれどそのキャラクターが魅力です。だから職人を変にカッコつけておしゃれに見せることはせず、その魅力でコミュニケーションしようと決めました。以来5年ほ

ど一貫して同じ考えで進めています」。その代表アイテムが、似顔絵入りの名刺。職人たちも人に渡したくなり、もらう方も揃えたくなる。狙い通りコミュニケーションツールとして機能している。さらに職人をPRしようとはじまったのが「高岡クラフツーリズモ」だ。地域の工場見学の先駆けとしてスタートし、現在も少しずつ形を変えながら、高岡の職人と鋳物の魅力を伝え続けている。

羽田さんの仕事は、デザイナーやアートディレクターの型にはまらない。「僕は大学を出た後ギャラリストをしていました。その経験もあり、自分が起こしたアクションが世の中にどういう波紋を広げるかに興味があります。当時から展示フライヤーなどのデザインもしていたのが今につながっているのですが、デザインはいつも最後の工程に過ぎません」。そのため、案件に背骨が通っておらず、小手先の解決策としてデザインを求められていると感じた場合、企画からさかのぼって提案することも多い。

「言われた通りにデザインを提出したほう

01

が楽ですが、それでは仕事になっていない。企画から考えたいのではなく、少しでも『正しい仕事』がしたいんです」。その考えが現れた例が地元書店・文苑堂から依頼されたプロモーションだ。「最初に地元作家の展覧会コーナーをつくりたいと依頼されて、それは本屋の仕事ではないでしょうと怒ったんです（笑）。ネット書店が勢いを増すなかで生き残るために、本屋だからできることを100個考えて提案しました」。

その中から実現した「HONKI BOOKS」は本好きの書店員や地域住民をメンバーに巻き込み、本の帯やポップを手書きでつくりこんだ。「面白い本の売り方をしましょ

02 03 04 05

うよという提案です。企画はシンプルでしたが、最終的に約500枚の帯ができて、熱い書評コーナーが本屋の中に出現しました。この企画は2年ほど続いて、次のサマーフェアの仕事にもつながりました。僕は人からよく『クライアントに恵まれている』と言われますが、それは違います。簡単な仕事に逃げずに、根っこから入り直してやっていった結果なんです」。

**地元の仕事に真剣に取り組めば
それが「まちづくり」になる**

羽田さんは出身地の大阪府枚方市から大学進学をきっかけに、富山県に移住した。その際、「高岡は活性化が課題と言われるが、枚方より人口の少ない高岡のほうがよほど活性化している」と感じた。「枚方はベッドタウンだからコミュニティがないんです。一方で高岡は高齢者しかいないコミュニティでも、神輿を担いだり、獅子舞が舞ったり、十分に盛り上がっていて、面白い街なんです。でも地元メディアはあまりそこに目を向けないし、街の人たち自身が盛り上がっていると意識していなかった」。見せ方の工夫次第で、それは外の人に伝わるものになる。ギャラリスト時代にも通じる、見せ方を見つける仕事に取り組んでいる。

20代の数年間は、地域で仕事をする意義が見つけられずに苦しんだこともあったという。「東京や大阪で仕事をしている友人から『あの有名な仕事に関わった』と聞くと、焦る気持ちもありました。でも、今はそれを乗り越えて、東京や大阪に住みたいと思わないし、住む理由がありません。かといって高岡に固執しているわけでもなく、ここにいるなら、ここでできる最大のパフォーマンスを出したいという気持ちです」。

高岡の仕事を通じて気づいたのは、地元の色々なクライアントとの仕事が話題になると、高岡という1つの会社をチーム戦で盛り上げているような感覚になることだ。「その積み上げは1回場所が変わるとなくなってしまう。だから同じ高岡という場所でより高く積み上げたい。僕は"まちづくり"という言葉がとても嫌いで、まちづくり目的で何かをするのではなく、その場所で仕事をしっかりしていれば、それが結果的にまちづくりになると思っています」。

**肩書きは自分でつけるものじゃない
世の中がつけてくれるもの**

2015年に立ち上げた事務所の「ROLE」という名前は、その場その場で自分のできる仕事と「役割」をクリアにして、最善の答えを差し出す、という羽田さんの仕事のスタイルを表す。「以前、ギャラリスト時代は、企画やデザインなど幅広く手がけつつ、自分に肩書きがないことを不安に思ったこともありました。でも、今は世の中に必要な仕事をしていれば、そのうち世の中が僕に肩書きをつけてくれると楽観視していますし、状況に応じて役割が自由に変わっていくのを楽しんでいます」。

2016年には、事務所に新たにギャラリーコーナーを新設した。「自分の目指している水準や感覚を発信したり、アーカイブしていく仕掛けをつくりたいと思い、その足がかりとしてギャラリーをつくりました。フリーペーパーや自主制作ポスターを作っているだけではダメなんです」と羽田さんは言う。肩書きにはとらわれないが、意味や意義を生み出し、世に問うという「役割」には一貫してこだわっている。

はねだ・じゅん。
1984年大阪出身。大学卒業後、高岡市にある芸文ギャラリーのキュレーションを8年間担当。現在は富山県を拠点に、地元職人団体や醤油会社・書店・老舗の商店街ほか、団体や商店、企業の広告や商品開発、映像やイベント企画など業態・ジャンルを問わず「活動」の魅力をデザインしている。2015年、富山県高岡市に「ROLE（ロール）」を立ち上げる。

01　事務所に併設したギャラリー。
02～04　高岡伝統産業青年会
　　　アートディレクション
職人そのものを主役に、ツール制作やイベントを行う。イラストと組み合わせた名刺（03）はこれまで100パターン以上作成。
05　高岡クラフトツーリズモ
06　HONKI BOOK
地元大手書店のプロモーション企画。書店員の手書き帯などで"血の通った本棚"を作り上げた。
07　「オタヤ通りと、100の暮らし」展
地元老舗商店街に年配層を呼び戻すための施策。商店街で手に入る、優れた暮らしを集めたセレクトショップを路上で展開。

06 07

BRAIN SPECIAL EDITION | 061

青山デザイン会議
Vol.207
―
地域と
長く一緒に歩む
クリエイターの
関わり方
―
加形拓也
Takuya Kagata

田中淳一
Junichi Tanaka

MOTOKO
Motoko

Photo : parade／amanagroup for BRAIN

青

地方創生という言葉が広く浸透して数年。観光PR、ふるさと納税、移住など、さまざまな形で"地域"への注目が続いています。また広告会社に限らず、最近ではさまざまなジャンルの企業が地方創成事業に取り組み始めています。しかし、そこにはまだまだ課題も多く見られます。東京などから施策を持っていく人たちと地域の人たちとのコミュニケーション、動画など人気の手法に頼ってしまいがちになったり、うまくいったにも関わらず1年で終了してしまったり──。コミュニケーションに携わる多くの人が「地域」に携わり始めている今だからこそ、あらためて見直しておくべきことがあるように感じています。そこで今回の青山デザイン会議では「地域と長く歩く」をテーマに、マーケターである一方、地方創生アドバイザーとしても活動する加形拓也さん、「地域と写真」をキーワードに写真によるまちづくりや活動を進める写真家 MOTOKO さん、そして「ローカルをクリエイティブの力でPOPにしていく」ことを目標に、さまざまな地域のクリエイティブに携わるクリエイティブディレクター 田中淳一さんの3人にお話をいただきました。

シビックプライドをいかに構築するか

MOTOKO 私は近年、地域コミュニティの魅力を新たに発掘し、写真によって発信する「ローカルフォト」という活動を行っています。この活動を始めたきっかけの一つは、スマートフォンの出現です。今はスマホで簡単に写真を撮れてしまうので、カメラを持たない人が増えていますが、私は「カメラだからこそできることがある」と思っています。活動の目的は、その土地に住む人がカメラを持って、地元にある「宝物」を探してもらうこと。「写真」が重要なコミュニケーションツールとなり、その土地の魅力を発信できます。これまでに、小豆島に住む女性7人が島の魅力を撮影して発信する「小豆島カメラ」やカメラを通して滋賀県長浜町を元気にする「長浜ローカルフォトアカデミー」などで展開しています。

田中 いろいろな地域に行って思うのは、土地の人たちは地元の資源に気づいていないこと。加えて「いかに当事者意識を盛り上げるか」が重要なポイントになります。MOTOKOさんはその点、どのように取り組んでいますか？

MOTOKO これまでの活動から私が必要だと感じたのは、その土地に住む人たちが「拍手をもらえる場所」をつくることです。小豆島カメラでは、東京や大阪でのギャラリーでの作品展示やトークイベントを行ったり、雑誌に写真を載せてもらったり、彼らが発言する場所で「拍手をもらえる舞台づくり」をつくることに力を入れてきました。それができると、人の気持ちはグッと動きます。

田中 僕は以前、広告会社でCMを制作していましたが、2014年に独立しました。そして、自分の会社名を「ローカルを、クリエイティブで時代のポップス（人気もの）にしていく」という思いを込めて「POPS」にしました。今は陽が当たっていなくても、潜在能力のある地域に関わることで、その土地を人気者に、そして元気にしていきたいと思ったんです。

加形 田中さんはなぜ地域に関わる仕事をしていこうと考えたのですか？

田中 一番のきっかけは、地元宮崎での口蹄疫です。当時の僕は、夜中まで撮影や編集をしている毎日でした。そんなとき、地元の友達が防護服を着て、車に消毒液をかけている様子を見て、「広告は社会の窓」と言われるけれど、本当にそうなのだろうかと疑問を抱くようになりました。その後、三陸鉄道でドラえもんやミッフィーが手を繋いだイラストの電車「手をつな号」を走らせるプロジェクトを担当したことも大きかったです。仮設テントの前で電車を楽しみに待ち、手を振ってくれる親子を見たときに「クリエイティブにしかできないこと、そのニーズは地方にあるんじゃないか」と思ったんです。実際にいろいろな地域に携わるようになると、地元に自信を持てなくなっている人に多く出会いました。今は彼らのモチベーションを引き上げることが僕らの大事な役割だと思っています。

MOTOKO 自分たちの地域に自信を持ってもらう。シビックプライドですね。まさにそこからやらないと始まりません。

加形 地域で熱い志を持って活動している方はたくさんいます。でも、その熱を地域全体に広げるのに苦労されている方も多い。僕は内閣府の「地方創生人材派遣」という制度で富山県上市町という町の参与（アドバイザー）として派遣されています。普段は東京の民間企業のマーケティングサポートをしているのですが、今は自分の時間の2割を町で過ごし、町への移住促進や産業・観光振興のお手伝いをしています。例えば上市町の人口。いまは2万人強ですが、30年後には5000人ほど減少するという推計があります。初めて上市町に行った頃、役場の方に「1年で何家族移住してもらえば、人口減少の課題は解決しますか？」と聞くと、すぐには答えが出てきませんでした。東京で定期的に「移住セミナー」をやっていたのですが、具体的な目標数字が見えていなかったんですね。5000人、と言われるととてつもない数に思えますが、具体的に計算してみると、2万人を維持するためには、まずは1年に10家族に移住してもらうことを目標にしていけば軌道に乗りそうだ、ということがわかりました。では、10家族に移住してもらうには、何家族に試しに町に来てもらうか、試しに町に来てもらうためには何家族に興味を持ってもらえばいいか、ここまで考えて初めてクリエイティブのアイデアを出す意味が出てきます。

MOTOKO
写真家、地域ディレクター、社団法人ローカルフォト主宰
1966年大阪生まれ。1990年大阪芸術大学美術学部卒業後、渡英。1996年東京で写真家としてのキャリアをスタート。CDジャケットや広告など幅広く活躍する。10年前からローカルでのリサーチをはじめる。2016年ローカルフォトラボラトリーを立ちあげる。近年は「地域と写真」をキーワードに自治体との連携事業に取り組む。ローカルフォトという、コマーシャルでもなくアートでもない、つながる写真、写真の新たな機能を模索している。2006年 滋賀の農村をテーマとする『田園ドリーム』の撮影スタート。2013年香川県小豆島にて「小豆島の顔」展覧会。同年島内に住む7人の女性のカメラチーム「小豆島カメラ」をオリンパス、cmsとともにスタート。2014年長崎県東彼杵市、鳥取県大山町、静岡県下田市など、全国で「地域と写真」をキーワードに写真によるまちづくりを実施。2016年社団法人ローカルフォトラボラトリーを立ち上げ、滋賀県長浜市にて「長浜ローカルフォトアカデミー」、神奈川県真鶴町にて「真鶴イトナミ美術館」ほか官民連携の事業に携わる。展覧会に、田園ドリーム（銀座ニコンサロン 2012）、小豆島の顔（2013 小豆島 2013）、作品集に『Day Light』（ピエブックス）『First time』（ソニーマガジンズ）『京都』（プチグラパブリッシング）などがある。

自治体の仕事は、3年は続けたい

田中 地域の仕事をすると、よく言われるのが「地域ブランド調査の順位を上げたい」「動画の再生回数を何万回以上にしたい」ということ。ただ、数字だけでなく質も合わせて考えないと難しいのが現実です。再生回数が目標に達したとしても、見ている人が単に面白動画に興味がある人なのか、地域に興味ある人なのか、そこの質を大事にしましょうと話しています。

加形 数字に「ぬくもり」が出てくるところまで話さないとダメですよね。目標が「1年に50人の移住」と言うだけではまだ足りなくて、例えば小さい子どもが1人いる家族だったら何家族来てもらえればいいのか、だとするとお父さんはどこで働くのか？お母さんは？と細かく考えていくと、東京から富山まで移住してもらうのは並大抵のことではないと初めて気づきます。

MOTOKO 小豆島の場合、2013年の瀬戸内国際芸術祭以降、年間移住者が300人を超えました。そして、カフェやWebメディアなど独自のカルチャーも生まれました。そんなうねりの中で生まれた小豆島カメラは、まちの発信に貢献できたのでは、と思います。小豆島カメラのチームが写真を撮って発信することで、「美味しくて楽しくてリラックスできるところに行きたい」という、多くの人の本能的な欲を満たすことができたからです。移住を決める大きな理由は、そこに住んでいる人が魅力的かどうか。そこには見た目も大事で、小豆島カメラではTシャツなどはきちんとデザインしています。東京からIターンで移住した三村ひかりさんが今、島にとって象徴的な人で、彼女が経営しているカフェが移住の窓口になっています。そういう魅力的な人が1人地域にいるだけでミラクルは起こります。

田中 何かをつくるだけではなく、多くの人に届きやすくなるプラットフォームのようなものをクリエイターが設けてあげることで、地域の人たちも自然に変わっていくことができるのかもしれないですね。

クリエイターの仕事は自己実現から社会実現へと進化している
MOTOKO

加形 地域の方たちにアイデアがない、ということは全くなくて、資源を生かすアイデアはある。ただしアイデアのよさに確信が持てなかったり、地元の人間関係がこじれていたりして進まなくなっていることも多い。外から来た僕らが長い時間を共に過ごして「あの資源はやっぱり魅力がある。やり方を変えてもう1回がんばりましょう」と言い続けて伴走していくことが大事です。

田中 僕は自治体の仕事をするときに「3年はやらせてほしい」とお願いします。期間は基本的に1年ですが、3年続けないとなかなか変わりません。2015年に刊行した写真集『すごい！鳥取市100 SUGO!BOOK』の構想は1年目にありましたが、実現できたのは2年目。鳥取のみなさんは自分が主役になった写真集ができて、それが全国の書店に並んだことが嬉しかったようです。

MOTOKO この写真集は対象が鳥取というよりも、人の集合写真で、これに載った人はまさにシビックプライドを持つようになる。そこがポイントだと思いました。田んぼや海、魚介類は地域のどこにでもありますが、この人たちはオンリーワンの存在。これだけたくさんの人間のパワーがあると、行ってみたくなるはずです。

田中 撮影した浅田政志さんは市民が出した100個のネタを読んで、演出を考えたのですが、そうすると地域の人たちが当たり前に思っていた風景の価値に気づき、前向きに変化したんです。写真集の講演で浅田さんと学校に行って話したところ、「デザインで地域に関わりたい」という学生も出てきて、副次的に人が感化されていくのが面白かったですね。

手法に陥らず、目的に合った施策を

田中 僕は北海道から沖縄の小さい島まで行きますが、地域ごとに違った本音があると感じます。その課題に合う解決方法さえ見つかれば、何かが動き出す。ただ難しいのは沖縄のように複雑で色々な問題を抱えている地域は、誰にでも来てほしいと思っているわけではないという点です。そのことを理解して進めないと、移住者は増えても地元の人は喜ばない事態も起こりえます。

MOTOKO'S WORKS

7人の女性のチームからスタートした「小豆島カメラ」。

滋賀県長浜市にて開催している「長浜ローカルフォトアカデミー」。　　　下田を『写真のまち』にすることを目的に活動した「下田写真部」。

KURURIのアルバム「TOWER OF MUSIC LOVER」。MOTOKOさんが撮影した写真が、京都タワーのイメージを大きく変えた。　　　真鶴半島を美術館に見立てて、地元の人、移住者のストーリーや、そこでものづくりをする人たちの活動を発信する「真鶴イトナミ美術館」の活動。

MOTOKOさんが地域に関わるようになったきっかけの一つでもある滋賀県の農家の人たちを撮影した「田園ドリーム」。

かがた・たくや
電通／電通デジタル
チーフマーケティングプランナー・サービスデザイナー
富山県上市町 地方創生特命参与（内閣府地方創生人材派遣）
東京大学工学部大学院都市工学科修士課程
（コミュニティデザイン研究）
NPOコミュニケーション支援機構 理事長／
日本ビーチ相撲協会 事務局長

電通に入社後、人事局を経て、マーケティングセクションへ。日本国内、海外の商品開発・マーケティングサポートプロジェクトを担当。人事部門にて人材開発研修を担当していた経験から、クライアントの内側に入り込み、ワークショップ形式で企業の未来を描き、組織改革をしていく手法が得意。地方創生分野においては、過去90カ国以上に渡航し、多くの観光資源の分析をしてきた経験を生かし、「JTB×電通 地域観光イノベーションスクール」のプログラムディレクターとして日本各地の自治体、地元住民と協力して観光プランや地場産品の開発を行っている。また、東京大学工学部大学院都市工学科にて、ハード×ソフトを融合した横断型の都市計画、住民参加型のまちづくり推進の研究に取り組んでいる。著書に、『テクノロジーロードマップ マーケティング・流通編』（日経BP）。

持続可能を考えると、そこを見極めることも欠かせない点ですね。

加形 そういうところこそ地域の人たちと深く話さないと出てこないんです。とにかく移住者を増やすために東京でセミナーを開催するということになってしまいがち。深く話せば、遠いところから移住者を集めるだけではなく、地元を出て近隣都市に住む若い人たちを呼び戻すためのUターン施策なども考えることができます。

MOTOKO セミナーや動画など、どうしても手法に注目してしまいがちですね。

加形 イベントや動画の盛り上がりには魔力がありますが、一過性の話題で終わってしまうことも多い。「その先のゴールはどこか」を具体的に考えないと、本当にその地域のためにはならないと思います。

田中 僕は登米市や鳥取市でも動画をつくりましたが、知名度が低かったので注目を集めたいという明確な目的がありました。自治体は事前に予算計上をしている場合が多いので、「動画をつくりたい」とスタートしながら、何をやったらよいかわからない、ということも少なくない。そこは僕らが有効な手段を提案しなければなりません。

加形 年度の途中に仕事が始まると、予算の使途が中途半端に細かく定められていて、本当に目指すべき目標のためには使えなかったりするのも難しいところです。ただ行政の方と話をしていると、「お金がなくてもここは人のネットワークでなんとかなる」ということは多々あります。そこにはやはり時間をかけることも必要だと感じます。

田中 あとは地域のクリエイティブを東京のクリエイターがすべてやるのではなく、シナリオは東京で書くけど、演者、カメラマン、監督は地元の人という分担が大事だと思います。東京で全部やって、結果的に「いいロゴとポスターができました」ではうまく回っていかないし持続しません。それから、クリエイターを移住者として受け入れたい地域は多いですが、「インターネットがつながっているから仕事ができる」と簡

数字に「ぬくもり」が出てくるところまで話すことが必要
加形拓也

単に言うだけでは移住はうまくいきません。

加形 徳島県神山町は光ファイバーが完備された町で、この10年位でIT企業や制作会社が東京から20社ぐらい移転しています。その結果、5000人の街に約200人も移住したそうです。知り合いの会社も移転した1社なのですが、移転前はクライアントがオフィスに来ることは一度もなかったのに神山町に引っ越したら、わざわざ来てくれて、営業面でも効果があったと聞きました。

MOTOKO 東京の赤坂で会うよりも、地域のほうが美味しいものを食べることもできるし、商談が成立しやすいですよね。

加形 こういう事例が東京に伝わってこないのが残念です。調べてみると、企業のサテライトオフィスを地域につくると法人税が大幅に減るという制度もあったりします。東京のオフィスは空室率3%と言われるほど過密状態で、オフィスがなくて困っている企業もあるので、お互いにメリットがあるとマッチングできそうです。

田中 自治体同士で情報をうまくシェアできてないんです。自治体に行って話を聞いた後、まず取り組むのが情報をシンプル化すること。独特の言い回しが多いので、せっかくのよい情報も翻訳しないと外部に伝わりません。でも、最近はこちらから提案すると、自治体職員の中にも何かを変えたい人が増えているという印象を持っています。

自己実現から社会実現へ

MOTOKO 地域に入った当初、1人の農家さんの話を聞くところから始めました。彼の話に耳を傾けるうちに、単体ではなくコミュニティでないと課題解決にならない、と思うようになりました。仮に1世帯が突出して成功したところで、孤立を促すだけで、かえってまち全体の幸せから遠のいてしまう。まちが幸せになるためには、個人の自己実現でなく、みなの社会実現だということを悟ったのです。「どうしたらみんなで上がることができるか」。今は、それを基準にプロジェクトを進めています。我々クリエイターはまさにエゴイスト、自己実現を考える仕事ですが、それを社会実現へと進化させる。大きなパラダイムシフトに

TAKUYA KAGATA'S WORKS

加形さんが内閣府地方創生人材派遣で通っている富山県上市町。米作を中心とした農業と製造業を中心とする工業が見事に調和された田園工業都市で、北アルプスの霊峰「剱岳」が町のシンボル。

加形さんが各地で企画運営するワークショップ。行政・住民が一体となって移住定住や産業振興を考え、実行する。上市町だけで1年間に数十の施策を立案し、予算組みをし、実行中。

上市町では全国各地から有識者を招いたオープン勉強会「上市まちづくりトーク」を主催している。

派遣開始時に派遣元である内閣府石破茂地方創生担当大臣(当時)から激励を受けた。

JUNICHI TANAKA'S WORKS

岡山トヨペット「bubblepack town」。日本で一番ウインカーを出す意識が低い岡山県民の運転マナー向上のために企画したプロモーション。

沖縄県北部の今帰仁村のブランデットコンテンツとして制作した短編ドラマ「今帰仁ベンチ」。

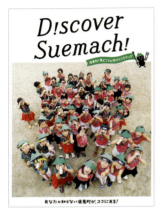

福岡県須恵町の町勢要覧「Discover Suemachi」を制作。

宮崎県延岡市で開催した「筏の上のレストラン」。

広島県東広島市、酒都・西条のお祭り"酒まつり"のお囃子と踊り「新・酒みだればやし」を制作。

宮城県登米市のシティープロモーション「Go! Hatto TOME MUSOU」。2017年のショートショートフィルムフェスティバル＆アジアで観光映像大賞を受賞。

2014年から続いている「すごい！鳥取市」。浅田政志さん撮影によるフォトガイドブックの制作、チラシ、ポスター、タクシーやポストでの展開に続き、2016年はドキュメンタリー動画「すごい！鳥取市ワーホリ！」を公開。

たなか・じゅんいち
クリエイティブディレクター

宮崎県延岡市出身。早稲田大学第一文学部演劇専修卒業、旭通信社（現ADK）入社。ほぼ全業種の大手企業で多くのキャンペーンを担当し、2014年10月退社。同年、クリエイティブ・ブティックPOPS設立。現在、全国20都府県以上で自治体やローカル企業のブランディングやプロモーションを担う一方、大手企業やローカル企業のグローバルコミュニケーション、GOOD DESIGN EXHIBITION2015／2016のクリエイティブ・ディレクション、長編コンテンツの脚本なども手がける。Spikes Asia、ADFEST、NY festival、BDA、short short film festival & Asia、ACC賞、日経広告賞、毎日広告デザイン賞、消費者のためになった広告コンクール、トロント国際映画祭公式上映など国内外受賞歴、国際広告祭の審査員歴、各地の大学や公共機関などでの講演も多数。

なりました。この感覚はかつてなかったものです。

田中 自治体の仕事では、お金は地域の方たちの税金なので、しっかりリターンを計算してコミュニケーションデザインをしなければ、と大きなプレッシャーを感じます。CM制作時も数字は意識しましたが、何となく「面白いのをつくってよ」というゆるい部分もありましたから。税金は「このお金を頑張って集めたのでお願いします」という期待とやりがいがあります。これはCMを作っていた頃とは違う、いい緊張感です。

加形 地域にいられる時間は限られている中、課題は無限にあるので、滞在しているときは本当に5分たりとも無駄にできない、というプレッシャーでやっています。

MOTOKO かつて、「カルチャー」のコンテンツって音楽やファッション、アートだったけれど、今はそこに食も加わり、農作物や魚、日本酒などの発酵食品といった地域独特のものが生まれています。カルチャーの「カル」は「耕す」を意味する「カルティベート」が語源なので、分野は何でもいいんです。大切なのは「かっこいい」ということで、これはすべてにおいて超ポジティブな言葉。暗かった町がかっこいい町に変わると、地域の人たちの気持ちも上がります。ただ、この切り替えが何よりも大変ですが。

田中 そこのジャンプアップはまさにクリエイティブの力でできる部分ですよね。写真集でも、寡黙な男の子もかっこいい写真にして載せたら「地元のヒーロー」になるな

と思ってつくりました。これも僕の考える「ポップ」になるための1つの手段です。

MOTOKO それこそローカルヒーローですね。私が撮影した人も雑誌の表紙になったり、サイトに写真がアップされたことで、状況が一変したんです。この手法は私が写真の業界に入ってこれまで学んできたことで、それをローカルに置き換えてやったことですが、地域の方々が前向きになってくれれば、学んだことも無駄じゃなくてよかったと思います。

どの地域も「そこにしかない」ものが絶対にある
田中淳一

田中 地域にとっては東京オリンピックのある2020年が1つのターニングポイントになると思います。僕は東京都の仕事も始めましたが、そこでは「アフター2020」に何をしていくかを考え始めています。地域の仕事も増えていて、都市部から地域が素敵なものに見えるようにという依頼だけでなく、地域を海外にダイレクトに売り込むこともあります。日本の人口がシュリンクしていくので、その中だけで経済を回していくことが厳しいと考えると、地域も海外との関わりを避けられない時代になるでしょうね。だから、僕は今、クリエイティブの視点で地域をグローバルにプロデュースすることに興味があります。例えば素敵な工芸品をつくっている地域の会社と東京在住の写真家をマッチングさせて海外に売り込むなど、いろいろなことを考えています。

加形 色々お話しましたが、僕は地域に対して楽観的な気持ちを持っています。課題が多そうに見えますが、地域に入り込んでいくと、ビックリするぐらい豊かな資源に出会えることがよくあります。そのような地域と東京のマーケターやクリエイターが組めば無限の可能性が広がる感覚があります。地域に行ってみると、最初は地元の方に話しかけづらい部分があるかもしれませんが、勇気と愛嬌をもって、「これはどうしてこうなってるんですか？」「こうしたら楽しくなりそうですよね」と臆せずに話しかけてみると、喜んで答えてくれて、そこから何かが始まることもあります。僕はそういうことが楽しいので、これからも楽しみながら地域で活動していきたいですね。

田中 どの地域の方も「うちは何もない」と言いますが、そんなことはなくて、そこにしかないものが絶対にあるんですよ。そこさえちゃんと共有できれば、時代に合わせた料理の仕方は動画や写真集、Webなど、今はいろいろなものがありますから。

MOTOKO 私が地域の活動を始めたのは「課題が山積みな地域こそ、面白いことが起きるんじゃないか」と思ったからです。それは今も変わらなくて、地域のほうが面白いものがあると、声を大にして言いたいですね。

手と使い手の間に立つ『つなぎ手』

的な？ことをやろうと思ってて。

まちづくりってやっぱ人づくり的な？、

ハハッ。大丈夫っすよー。やっぱこれ

からはローカルの時代っすよー。ニッポンの

ものづくり盛り上げましょうよ！カンパーイ‼"

いや、それで？、

Design&Copy:Jun Haneda（ROLE/）

「やっぱりこれからの時代、モノづくり

から、コトづくりが大事っていうか、

ほら、何ていうかみんな結局 "点" なんで

すよねー。"点" から "線" へ。"線" から

"面" にしていかないとダメなんスよね。

あ、そうそう、僕がやってるのは作り

CHAPTER 04

地域企業を盛り上げる広告&プロジェクト20選

地域の活気は、地域企業の活気から!このコーナーでは、東京のクライアントのような予算はなくとも、知恵と工夫で地元に話題になる広告を生み出した、ローカル広告&プロモーションを中心に紹介する。

01

02

03

夢に向かって挑戦できる町を新キャラでPR
愛知県小牧市／こまき山

　太眉に化粧まわし。大銀杏にちょこんと城をのせ「どすこまき」と四股を踏むのは、2015年5月にデビューした愛知県小牧市のゆるキャラ・こまき山。市制60周年を迎える同市が、「住み続けたい町」「愛着や誇りを感じられる町」となるためにブランド戦略のメッセンジャーとして誕生させた。数ある小牧市の資産から、キャラのモチーフに選んだのは小牧山（小牧山城）。織田信長が築城した小牧山城は、天下統一の夢に向け、初めて自身で築城した石の城。その歴史的背景と充実した子育て環境を踏まえ、小牧市を「夢に向かって挑戦できる町」「子どもの夢への挑戦を町全体で応援する町」と位置付けた。「力士の設定は、化粧まわしに自然な形で名前を入れることで覚えてもらいやすいのと、信長公が相撲を深く愛好していたという史実が決め手です」（電通中部支社 鳥海雅弘さん）。

　同市にある名古屋造形大の学生と人気キャラについて考察し、多くのゆるキャラの中で人気を得、話題化するには世界観が大切とのことから、こまき山が阿蘇山や琵琶湖、大横綱の富士山という力士たちに挑戦する物語を考えた。「小牧市のキャラですが、日本各地の著名な自然資産を取り込むことで、全国規模で親近感が湧くよう配慮しました」（鳥海さん）。

　着ぐるみ、絵本、公式Webサイトなど新キャラ誕生に向けた多角的な展開によってニュースやSNSに取り上げられ反響を呼んだ。市内保育園の巡業でも子どもたちからの反応は良く、早くもマスコットとして親しまれている。

小牧市ブランドプロジェクトチーム。最前列左から村上史洋さん、水野雅貴さん。中央列左から早瀬裕章さん、藤田悟さん、武藤徹さん。最後列左から鳥海雅弘さん、若林宏保さん、山中康司さん。

01 ポスター（左：ティザー、右：登場告知）
02 絵本
03 公式Webサイト

○企画制作／Dentsu abic＋電通中部支社＋電通名鉄コミュニケーションズ＋インパクトたき＋自由廊（着ぐるみ制作）○CD／若林宏保○企画＋AD／鳥海雅弘○企画／早瀬裕章、武藤徹○C／山中康司○絵本ベーススト－リー／日高弘司○D／村上史洋、碓氷綾加○D＋I／水野雅貴○美術（着ぐるみ）／自由廊、STUDIO HAVOC!○営業／藤田悟、中村健二○Webディレクター／冨間修平、前川元成○撮影／武藤健二○CG／本村友和○音楽制作／服部孝也

01　　03
02

時速250kmを超えるスピードで夢を届ける
九州／JR九州「ドリカム新幹線　SPECIAL LIVE」

DREAMS COME TRUE と九州新幹線がタッグを組んだ「ドリカム新幹線」が2015年7月7日、運行を開始した。車体にはドリカム2人の顔写真とともに、事前に募集した154の夢をラッピング。初日の特別運行に招待された50組100人は、車内で行われたドリカムのスペシャルライブを楽しんだ。

このプロジェクトは、ビジネス利用が多く、一般での利用がまだ少ない九州新幹線の存在価値をアピールするために実施した企画。「博多〜鹿児島中央間を最速1時間17分で結ぶ九州新幹線は、速くて安全だからこそ、ふだんの夢を叶える力があります。例えば、遠距離恋愛しているカップルが仕事終わりに会えるとか。そのことを実感してもらいたかった」(電通九州 クリエーティブディレクター 今永政雄さん)。

そこで考えたのが、1年に一度夢がかなう七夕の日に、高速走行する九州新幹線車内で行うドリカムのライブ。ライブを行うことは当日まで秘密にしていたため、ドリカム入場の際の乗客の興奮は最高潮に。九州新幹線のテーマソング「九州をどこまでも」など全4曲を熱唱。熊本駅では新幹線車内の乗客とホームに集まった人々との大合唱になった。

「スピーカーやカメラの位置、電源の確保など走行する新幹線車内でのライブの実施は困難をきわめました。特に音響は最後まで大きな課題でした。ドリカム新幹線は8月31日で運行終了しますが、九州新幹線はこれからもずっと"毎日の夢をかなえる新幹線"として走り続けます」(今永さん)。

今永政雄さん
電通九州(当時)　クリエーティブディレクター

01　新幹線内でのスペシャルライヴ
02　Webサイト
03　テレビCM「SPECIALドリカム新幹線」篇

○企画制作／電通九州＋電通○CD＋企画＋AD／今永政雄○企画＋C／中村直史、渡邊千佳○CPR／三浦優○PR／山下尚哉、吉良秀和○AD＋D／立石甲介○D／秋safe淳一、松元博孝○CAS／多田豊一郎、染野晴美○演出／柏本ケンサク○アシスタントディレクター／木村昌嗣、河原幸治○撮影／近藤ナオユキ、中原昌哉、宮下潤、長野瑞穂、高野大樹、鈴木克彦、佐藤洋祐○編集／石井元基(オフライン)、辻高廣(オンライン)○ミキサー／柏木勝利○音楽制作＋出演／DREAMS COME TRUE

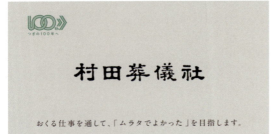

01

人生のように突然終わる葬儀社の昔話CM
愛媛県／村田葬儀社「昔話」篇

　むか〜しむかし。アニメ日本昔話の『桃太郎』がはじまったと思いきや、川でお婆さんが桃を取り上げる寸前で、突然「おしまい」。強いインパクトと個性を残すこの映像は愛媛県・松山にある村田葬儀社のCM。企画制作は電通西日本松山支社。創業101年の老舗葬儀社という立場に安住しない、新たな企業イメージ、新たな顔作りが目的だった。

　「人生の集大成を精一杯お手伝いさせていただきます…的な紋切り型のメッセージは絶対やめようと思いました。わかったような、当たり前のことを言っても目立たないし、そもそもCMを打つ意味がありません。お葬式、つまり、死は、生きている私たちにとって考えたくないこと。でも、死は誰の人生にも必ずやってきます。しかも、突然に。家族や大切な人に迷惑をかけないためにも"その日"に備えなければいけない…。頭ではそうわかっていても、意識的に非日常の彼方へ追いやっています。その矛盾をなんとか自分ごと化してもらえるCMにできないか？そう考えたのが企画の出発点でした。あれこれ考えていく中で、エンディングが必ずやってくる前提で観ている映画やドラマが突然終わってしまったら…面白いだろうなと。『人生のように突然終わるCM』という企画フレームはそうして生まれました」（板東英樹さん）。

　目指したのは、時代や流行に左右されない普遍性。葬祭業は究極のサービス業だからこそ、サービス精神を感じさせるもの。老舗らしい王道感が感じられ、インパクトがありながらチャーミングなCMを意識したという。

板東英樹さん
電通西日本松山支社　クリエーティブディレクション部
クリエーティブディレクター／コピーライター。主な受賞歴は、ACCゴールド、TCC審査委員長賞、TCC新人賞、OCC賞グランプリ、広告電通賞優秀賞、ギャラクシー賞奨励賞、日本雑誌広告賞銀賞、FCC賞、CCN賞など。

01「昔話」篇

○企画制作／電通西日本松山支社＋VSQ ○CD＋企画＋C／板東英樹 ○PR／井上潤一 ○演出／野村建宇 ○編集／渡辺洋平 ○PM／江崎久美子 ○AD／加治屋司 ○D／岩尾春美 ○I／津田秀喜 ○アニメーション／下田栄一、握愛美

01

温泉でシンクロする前代未聞の県PRムービー
大分県／シンフロ

　別府や湯布院など有名な温泉地のある大分県。「日本一のおんせん県おおいた」をキャッチフレーズに2013年から観光PRを展開している。新幹線の開業などで他県に注目が集まる中、「おんせん県おおいた」として「温泉と言えば大分県」というポジションを、もう一度確固たるものにする必要があった。

　2014年まで続いた、優れた動画コミュニケーション「おんせん県って言っちゃいましたけん」を継承し、翌年よりYouTubeで放映している動画が「おんせん県の新プロジェクト＝シンフロ」だ。企画制作はCS西広。元・日本代表選手が率いるプロのシンクロチームが、大分県の温泉でシンクロにチャレンジするという企画で、大分県出身の滝廉太郎の「花」をアレンジした曲に合わせ、息の合った演技を披露する。「おバカ、だが美しい。そんな映像を目指しました。日本の温泉文化は世界に誇れる文化です。国内だけでなく、世界からも注目される県になろうと、スタッフ全員で意識を共有しました」（久冨和寿さん）。何度もロケ地に足を運び、アングルチェックや水深の検証、そして練習を重ねていった。振付稼業air:manさんには、プラスαのユニークな振付を「大分県の特産物」というテーマで考えてもらったという。動画は公開5日で50万回再生を突破。ニュースやワイドショーなど各メディアに取り上げられ話題となった。シンフロの不思議なBGMの正体を明かす第2弾の「ご当地サウンド篇（Orchest-ration Of Oita）」も公開中だ。

左から、CS西広 久冨和寿さん、福嶋毅さん。

01 大分県　おんせん県おおいた「シンフロ」篇

○企画制作／西広＋CS西広＋T&E＋invisible designs lab.○CD＋企画／福嶋毅○C＋企画／久冨和寿○企画／緒方徹○AE／井上優
動画　○PR／大石政治○PM／川上理、吉崎葵、大隈章由、橘潤樹、小田桐浩希、手島麻陽、亀井晴日、柴田孝憲、深見誠○演出／山本ヨシヒコ（シンフロ篇）、清川進也（サウンド篇）○撮影／新出一真（シンフロ篇）、伊東竜平（サウンド篇）○照明／佐藤昭二○編集／山村祐介（オフライン）、森永哲弘、伊藤圭司、真崎篤史（オンライン）○CG／雪家総一郎○音楽制作／清川進也○MA／松本知久○振付／振付稼業air:man○ST／下村ひろみ○HM／野村忠司○出演／RAIKA ENTERTAINMENT
グラフィック　○AD＋D／阿部純一○撮影／佐藤俊彦
Web　○Webデザイン／瀬戸口貴裕、川原小百合○Webディレクター／出口宣佳○ME／深田奈緒、工藤竜朗

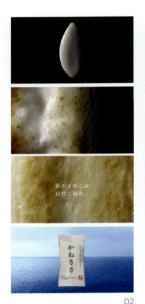
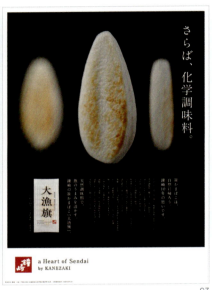

01　02　03

企業の姿勢を体現する笹かまぼこのパッケージ
宮城県／鐘崎「大漁旗」「かねささ」

　仙台土産笹かまぼこの人気店のひとつ鐘崎は、保存料・でんぷん不使用の素材を生かした自然な味わいで、地元民からの評価が高い。しかし、若年層のかまぼこ離れなどの理由で市場全体が伸び悩んでいた。まずパッケージから、今の時代性を表現する必要があった。東北博報堂とサン・アドが着手したのは、鐘崎の看板商品「大漁旗」のパッケージのリニューアル。従来の筆文字から活字の書体へ、モダンな味わいのシンプルなデザインに変更している。

　「a Heart of Sendai」というコピーは笹かまぼこを仙台の誇りと捉え、市場のさらなる拡大をめざす鐘崎の志を表す。一方、主力商品「大漁小町」の後継となる新商品「かねささ」のパッケージでは、新鮮さや笹をイメージした市松模様をデザインに採り入れている。「パッケージは生活者に購入を促す、最後の接点。ビジネスチャンスにつながる宣伝媒体そのものなんです」（サン・アドCD 古居利康さん）。商品とパッケージをキービジュアルに新聞広告、CM、店頭まわりなどコミュニケーションを展開した。

　2016年11月に放映したCM「かねささ新登場」篇は、徐々に焼きあがる笹かまぼこのシズルを表現しながら、「笹かまぼこは、自然に帰れ。」というコピーが化学調味料不使用を一貫する鐘崎の姿勢を伝える。商品広告でありながら企業広告でもある。リニューアル以降、定番商品は前年比約2倍から3倍に推移。若年の客層も増え、お土産はもとよりギフト用として利用される機会が増えている。

左から、荒木拓也さん、坂東美和子さん、野口健太郎さん、古居利康さん、吉瀬浩司さん。

01「かねささ」「大漁旗」（パッケージ）
02「かねささ新登場」篇（CM）
03「大漁旗」（新聞広告）

○企画制作／東北博報堂＋サン・アド○SCD／岡本有弘○CD／野口健太郎○CD＋C／古居利康○AE／大澤豪、門間理香○PR／坂東美和子○AgPR／荒木拓也
CM ○企画制作／グレープシティワインスタジオス○AD＋企画／吉瀬浩司○D＋企画／瀬古泰加○演出＋企画／柴田恭輔○PR／三原松太郎○撮影／小山田智○撮影アシスタント／山口哲広○照明＋撮影アシスタント／佐々木昭博○編集／田中良典○MA／日野求○NA／Lica○音楽制作／いいのまさし(iinomusic)○PM／名取伸剛、内海裕里江
グラフィック（新聞、パッケージ、製品リーフレット）　○AD／吉瀬浩司○D／瀬古泰加○I／川原真由美（製品リーフレット）○撮影／上原勇

顔面で卓球する少女の衝撃バズムービー
福岡県／豆腐の盛田屋
「顔面卓球少女」篇

　動画は、中年の男女が卓球練習場でラリーを続けるシーンからはじまる。一見、ホームビデオで録った、よくある練習風景のようだが、次第にカメラが奥の卓球台をズームアップ＆フォーカスすると、撮影者が異変に気づき、驚きの声を上げる。「えっ！顔で打ってる」。卓球ラケットではなく一心不乱に首を振り、少女が顔面でピンポン玉を俊敏に打ち返しているではないか。この衝撃の動画はいったい？と見ていると「究極のハリ。」というコピーとともに基礎化粧品の商品パッケージがどんと登場する。

　これは自然派化粧品を製造・販売する豆腐の盛田屋の主力商品「豆乳よーぐるとぱっく玉の輿」のPR動画。豆腐づくりをするうちに手がキレイになったという豆腐工場で働く女性スタッフの声から生まれた商品で、親日コスメブロガーの口コミから広がり、アジア圏、特に中国の観光客の間でヒット。爆買いの対象商品となり、累計販売数300万個を突破※している。人気を不動のものにするべく、中国をターゲットにしたバズムービーを制作することに。企画制作はBBDO J WEST。「"中国といえば卓球"なので卓球を使ってお肌のハリ（弾力）をアピールする企画を考えました。言葉に頼らず文化を超えてわかる内容にして爆シェアを狙いました」（ディレクター　下津浦誠さん）。動画は数多くのメディアに取り上げられ、中国ではムービー再生回数が累計300万回を突破した（2015年12月時点）。「酸素ボンベが2本なくなるくらい頑張ってくれた選手の努力に尽きます（笑）！」（クリエイティブディレクター　古屋彰一さん）。

BBDO J WEST　コンテンツ開発局　クリエイティブディレクター・古屋彰一さん（左）、ディレクター・下津浦誠さん（右）。

01「顔面卓球少女」篇（Webムービー）

○企画制作／BBDO J WEST＋ビデオ・ステーション・キュー○CD／古屋彰一○企画＋撮影＋C／下津浦誠○PR／福山賢一○PM／丁吉将、柴田孝徳、江藤彩○演出／江口史宏○VFX／伊藤圭司、池田舞○編集／野間実○MA／大町龍平○AE／荒木理成○プロモーション／冨田浩一郎○出演／橋本あかね、AKI

※2005年6月〜2015年10月豆腐の盛田屋調べ

「あともう少し…」。
男性視聴者の嘆息が聞こえてくるズルいCM
たかだ引越センター／企業広告

プールサイドに立つ美しいグラビアアイドルが、水着の上に着ている白いブラウスのボタンを1つずつ外していく。恥じらいながらブラウスの前を開け、もう少しで…という肝心な場面で、突然エアコンを持った引越業者の青年が前に現れ、「エアコン取り外し無料！」と告知する。世の男性視聴者の嘆息が聞こえてきそうなこの映像は、たかだ引越センターのCM。愛媛県では毎年面白いCMを作る会社として全国メディアにもよく取り上げられている。企画制作はKOO-KIが担当した。

「見た時にどんなツッコミをしてくれるかを想定しました。たかだ引越センターは、エアコン取り外し無料という独自のサービスを実施していますが、認知はいまひとつ。1メッセージだけを伝えることでインパクトを持たせ、最後まで見たくなる設定を考えました。気持ちがピークに達したところでメッセージを登場させる。もちろん、イラッとされることが演出のフックとなることも織り込み済みです」（KOO-KI 蛯子祐樹さん）。多少クレームが来ても、愛媛の人たちが面白がってくれて話題になるCMをという社長からのオーダーだったので、思い切ったという。

CMはYouTube再生回数176万（2016年2月時点）を記録、WebメディアやSNSで話題になり、海外メディアの面白ネタ投稿サイト「9GAG」では狙い通りブーイングの嵐。引越業界で1月は忙しくない時期だが、エアコンの問い合わせが増え、前年月比引越件数33％増、売上28％増につながった。第2弾CMもすでにオンエアされている。

蛯子祐樹さん
KOO-KI ディレクター／プロデューサー／制作進行。2014年KOO-KIに参加。「泣ける！広島県」「カンパイ！広島県」「〇I〇Iマルコとマルオの7日間」に制作進行として参加。また、アニメ「おそ松さん」DVDコンテンツ「リアル松」の演出・編集など。

01 「グラビア」篇（CM）

〇企画制作／KOO-KI＋ランニング〇企画＋演出／江口カン〇企画＋PR／蛯子祐樹、助野博一〇企画＋C／岡田賢〇企画＋PM／磯本宏史〇音楽制作／飯田貝延〇ST／岡嵜祐子〇HM／野村忠司〇撮影／許斐孝洋〇照明／梶原公隆〇VE／横須賀辰徳〇録音／百代典由〇編集／大田圭介〇MA／岩下拓磨〇出演／吉崎綾、竹下賢太

01

長崎は日本の西海岸!? 地元の魅力を対比で発信
長崎新聞社／「長崎は、日本の西海岸だ！」キャンペーン

長崎新聞社は、長崎とアメリカ西海岸の類似点を捉えるユニークな広告を新聞やWebで実施している。企画の発端は長崎出身の鳥巣智行さん（電通総研Bチーム）の「長崎って日本の西海岸だと思う」という発言から。実際に考えると地理だけでなく、文化や歴史に類似点が多いことに気づく。例えば、アルカトラズ島と軍艦島は形がそっくり。長崎のちんちん電車とサンフランシスコのケーブルカーも似ている。亀山社中を西海岸のスタートアップ文脈で捉え直してみたり。見慣れた街も「西海岸との共通点」という視点で切り取ると、新たな魅力が見えてくる。在京若手長崎県人会「しんかめ」と連携しながらそれらのネタを集めた。「地域の情報を地域に届けることが従来の地方紙の役目ならば、地域密着だからこそできる、新たな地域資源の発掘と発信が、これからの地方紙の価値を高めるのではないか。そう考えたときに、西海岸は、長崎の新しい魅力を発見し、他県や世界に発信する切り口になると思いました」（鳥巣さん）。

イラストを描いたのは漫画家の大橋裕之さん。長崎空港にUFOが飛んでいたり、亀山社中のメンバーが呑気なポーズをしていたり、西海岸的なノリで新しい長崎の魅力を表現している。「ちょっと強引な共通点も含めて長崎の人たちに面白がってもらえるものを目指しました。最終的には、長崎が日本の西海岸として定着し、観光客の増加や、地元愛の向上につながればいい」（鳥巣さん）。

キャンペーンサイトでは、共通点のアイデアや感想をメール・SNSで募っている。

02

左から、電通 クリエーティブ／コピーライター 鳥巣智行さん、同アートディレクター 大来優さん、同プロデューサー 大瀬良亮さん。

01 新聞広告
02 キャンペーンサイト
http://www.nagasaki-np.co.jp/westcoastofjapan/

○企画制作／電通－ワークアップたき＋TWOTONE ○企画＋C／鳥巣智行 ○企画＋AD／大来優 ○企画＋PR／大瀬良亮 ○D／姉帯寛明 ○Webディレクター／西田セルジオ 01 ／大橋裕之 ○C／キリーロバ・ナージャ（英語）○企画協力／在京若手長崎県人会しんかめ

BRAIN SPECIAL EDITION | 081

01

大分県民に別府の元気な姿を個性的にアピール
大分県／おんせん県観光誘致協議会「Go!Beppu おおいたへ行こう!キャンペーン」

　熊本地震の影響により、観光客が激減した別府。風評被害や道路の分断により県外観光客の足が遠のき、旅館やホテルのほとんどが営業中にもかかわらず、予約キャンセルが続出し、稼働率80〜90%減という深刻な状況となっていた。道路が分断され、県外客に来てもらうのは難しい。そこで大分県民に別府の元気な姿をアピールし足を運んでもらおうと、ゴールデンウイーク目前に地元紙に広告を掲出した。別府に来てもらうことが何よりも応援になること、別府からおんせん県大分を元気にしたいというメッセージだ。

　西広 クリエイティブディレクターの緒方徹さんは「悲観的にならず、別府らしいユニークな表現でアプローチしました。人気の施設が貸切状態で楽しめるなど、正直で、少々自虐的ではあるものの前向きな表現は、他の温泉地とは違う個性を持った別府ならではのものだったと思います」と語る。広告が掲出されると、一風変わった正直なメッセージが話題となり、県民から大きな反響を得たほか、全国ニュースやWebサイト、SNSで拡散。地元紙の新聞広告のスケールをはるかに超えた動きとなった。

　「大分県は被災地となったところも多く、地震の影響で直接的にも間接的にも打撃を受けた地域が多々あります。そしていまもなおその困難な状況は続いています。そこで今後は『Go！Oita おおいたへ行こう！キャンペーン』という大分の皆が一丸となって取り組むさらに大きなキャンペーンにしていきたいと思います」（緒方さん）。

右上から時計回りに、緒方一成さん、西広大分支社原崇紀さん、同 緒方徹さん、デザインマップ長門敦さん。

01「Go！Beppu おおいたへ行こう！」新聞広告

○企画制作／西広大分支社＋デザインマップ＋緒方一成事務所 ○CD＋C／緒方徹 ○企画／原崇紀 ○AD＋D／長門敦、緒方一成 ○撮影／タケウチトモユキ（神様篇）

01

02

沿岸部の地域経済支える「産地魚市場」にスポット
宮城県／宮城県産地魚市場協会
Web ムービー

　宮城県には9つの産地魚市場があることをご存じだろうか？宮城県産地魚市場協会では、それぞれの水産物の販促活動の一環として県内外に向けて、全国でも珍しい「産地魚市場」にスポットを当てたWebムービーとポスターを制作した。

　震災から5年経っても、宮城県では生産設備の復旧が進む一方で、水産物、特に水産加工品の販路回復が進まないことが、大きな課題となっていた。その要因のひとつが、全国でも有数の漁獲量を誇りながら、「宮城は水産県である」という認知が低いこと。魚市場が活性化し、それぞれの港が具体的に知られれば、もっと宮城の水産物は魅力的に感じられ、選ぶ楽しみが増すはずだ。水産物の、売り場まで一貫した「産地魚市場のブランド化」が今回の目標である。

　「9つの港には、脚色のない9つの静かな物語が、確かにありました。働く人々のネツとホンキが、そのままドーン！と伝わったらいい。そう願っています」と話すのはクリエイティブディレクターの赤城廣治さん。「今回一番喜んでくださっているのは、お話を伺った市場関係者の皆さんだと思います。『俺たちの仕事場。宮城県の魚市場。』のコピーには、皆さんにアイデンティティを長く心にとどめて仕事をしていただきたいという願いを込めました」。

　電通 地域イノベーションセンターの森尾俊昭さんは「産地魚市場は、魚が消費地市場に運ばれる前の流通の起点。沿岸部の地域経済を支える存在です。その努力を徹底取材し、働く人たちのリアルな個性に光を当てました」と語っている。

左から、赤城廣告 赤城廣治さん、宮城県産地魚市場協会 武川淳司さん、電通 地域イノベーションセンター 森尾俊昭さん。

01 Webサイト「サカナップみやぎ」(https://sakanapm.com)にて、10本のWebムービーを公開中。
02 Webムービー

○企画制作／宮城県産地魚市場協会＋電通＋赤城廣告＋アドビジョン銀座＋東北映像企画○SCD／武川淳司○CD＋C＋企画／赤城廣治○企画＋TPR＋演出／森尾俊昭○PR／片倉匡、泉英和、玉田義一○演出／松田朋子○AD／前島一郎○AD＋D／山口斗夢○撮影／金子洋、大山博○音楽／高橋英明、maco○ミキサー／磯村淳○編集／加納秀人○NA／松尾貴史○出演／宮城県産地魚市場のみなさん

BRAIN SPECIAL EDITION | 083

24時間滞在型フォトコンテストで町おこし
北海道／室蘭商工会議所、室蘭観光協会「撮りフェスin室蘭」

　室蘭市で2016年9月17日から18日にかけ、写真愛好家が自由に街中を散策しながら撮影する24時間滞在型のフォトコンテスト「撮りフェス in 室蘭」が行われた。鉄鋼業を中心に発展した同市には、工業都市独特の景色と、北海道の美しい自然景観が共存する。そんな同市を「日本一のフォトジェニックシティ」と打ち出す。

　企画を行った電通 コミュニケーションプランナー加我俊介さんは「室蘭市に実存する資産を観光資源化したかった」と話す。室蘭は日本有数の「工場夜景」（工業地帯の工場群が織りなす夜景）がある街。しかし写真コンテストを開催するだけでは、足を運ぶ理由としては弱い。そこで24時間滞在型コンテストとしてイベント化することにした。

　開催日には、撮影用にクルーズ船を特別運航したり、除雪ステーションなどの通常入れないスポットを撮影用に解放した。全国から約200名を募集し、首都圏在住者向けには、旅行会社とタイアップしたツアーで参加を後押し。室蘭市育ちのアートディレクター葛西薫さんや写真家の辻沙織さんらに審査員を依頼し、SNSを活用した一般審査も行うことにした。

　イベント告知のために市内に掲出したポスターは、地元写真家の写真にシンプルにカメラモチーフのロゴを重ねた。「元の写真が持つ良さに目を向けてもらうためのフォーマット」だと電通 アートディレクターの青木謙吾さんは言う。

　集まった写真が、さらに室蘭市に人を呼ぶための新たな資産になればと考えている。

左から、電通 第2CRプランニング局 加我俊介さん、第5CRプランニング局 青木謙吾さん。

01 「撮りフェスin室蘭」ロゴ
02 Instagramでは地元の写真愛好家が撮影した室蘭市の写真を発信
03 ポスター

○企画制作／電通○企画＋CD＋C／井戸正和○企画＋AD／青木謙吾○企画＋コミュニケーションプランナー／加我俊介○制作運営／撮りフェスin 室蘭実行委員会（室蘭商工会議所＋室蘭観光協会＋市民有志）○統括PR／川島佳穂○ECD／樋口景一○AD＋D／瀧上ちひろ○D／鈴木陽香○Web企画／谷菜々子○PR企画／新著智志、久保孝徳、丸山敦子

かまぼこの会社ならではのユニークな七夕飾り
宮城県／鐘崎「未来の七夕プロジェクト」

毎年8月に開催される仙台七夕祭り。各商店街では長さ10メートル以上の巨大な竹を山から切り出し、そこにさまざまな飾りつけを施す。ここで近年、ひときわ注目を集めているのが、かまぼこの鐘崎である。同社は「七夕祭りは日本が世界に誇れる"紙の祭典"であり、次世代に継承していくべき」という考えのもと、2014年に「未来の七夕プロジェクト」を立ち上げた。東北博報堂と紙の商社 竹尾の協力のもと、ユニークな七夕飾りの制作に挑んでいる。2016年はアートディレクター 小玉文さんに白羽の矢が立った。

「鐘崎さんならではの七夕飾りを」と考えた小玉さんが選んだモチーフは、"かまぼこ"。笹かまぼこと原料の魚「きちじ」を七夕飾りにしようと考えた。トップに据えられた笹かまぼこに向かって、きちじが泳いでいく様子を同系色のグラデーションで表現している。

きちじの設計と制作を手がけたのは、折り紙専門ギャラリー「おりがみはうす」。小玉さんのデザインをもとに、30cm四方の正方形の紙（タント）を折って3つのパーツを制作し、組み合わせた。きちじならではのギザギザした特徴的な形が、折り紙で見事に再現されている。全体の制作・施行を手がけたのは、ジャパンデザイン工芸社。笹かまぼこの形を、提灯のように和紙の張り子で仕立てている。吹き流しは通常のものより細くしている。細部まで徹底的にこだわった七夕飾りは、商店街主催のコンテストで金賞を受賞。「他の会社や商店に、うちもこういう七夕飾りをつくりたいと思ってもらえたらうれしいです」と小玉さんは話している。

（後列左から）渡会聡さん、長谷川誠さん、長峰公彦さん、先崎哲也さん(以上、★)、野口健太郎さん、箱崎臣之介さん(以上、◎)。前列左から、佐藤賀三さん、瀬戸寿秀さん(以上、★)、小玉文さん、岡本有弘さん(◎)、田中洋一さん(＊)、長田麻子さん(◎)

01 鐘崎の店舗の前に飾られた七夕飾り。
02 コンセプトを会場に掲出。

◯企画制作／東北博報堂(◎)＋BULLET＋竹尾(＊)＋ジャパンデザイン工芸社(★)◯AD＋D／小玉文

2年に一度開催される、子どもたちだけでつくる夢のまち
神戸市／KIITO「ちびっこうべ」

2016年10月、「デザイン・クリエイティブセンター神戸（KIITO）」にて、2年に一度開催される子ども向けクリエイティブプログラム「ちびっこうべ2016」が4日間にわたり開催された。「ちびっこうべ」は、約1万人の子どもたちでつくる「夢のまち」。子どもたちは「警察官」「バーテンダー」「記者」など40種類以上ある仕事から選んで働き、もらったお給料で買い物やイベントを楽しむ仕組みだ。

ちびっこうべには、シェフ、建築家、デザイナーらクリエイターに学びながら、子どもたちが自分でつくりあげる食べ物屋「ユメミセ」も登場する。当日の参加も含めると、関西で活動する約100人のクリエイターがこのイベントに参加。子どもとクリエイターが一緒につくりあげるイベントでもある。

本イベントの開催は2016年で3回目。制作のクリエイティブディレクターを務めた、かたちラボの田中裕一さんは、「今年は子どもたち自身の手で仕事の内容が進化したり、ハローワークを通さず自ら売り込んで来る子、ベテランスタッフとして仕事を回しだす子が登場するなど、子どもが自らアイデアを出し、行動に移す姿があちこちで見られた。それが印象的でした」と話す。

ちびっこうべのコピーは「子どものまちは、神戸の未来。」。「ここは、子どもたちが『自らの手で自分たちのまちを変えていく』体験をする場です。ここで学んだこと、ここで生まれた関係性がきっかけになって、ちびっこうべから将来神戸を元気にするクリエイターに育ってほしい。そんな気持ちで、今後もちびっこうべを継続、発展させていきたい」という。

01 ちびっこうべ開催の様子。
02「ちびっこうべ2016」メインビジュアル。
03 参加者が最初に訪れる「ハローワーク」。
04 プロに学びながら子どもたちがつくりあげる飲食店「ユメミセ」。

○企画制作／かたちラボ＋mém＋Cahier○CD＋C／田中裕一○AD／前田健治○I／サタケシュンスケ○Webデザイン／多々良直治

01 「知事が妊婦に」キービジュアル
02 キャンペーンキービジュアル
03 「知事が妊婦に」篇
04 「ごめんね弁当」篇
05 「NO残業社長!」篇

知事が「妊婦」に!? インパクト大の動画で男性の意識を変える
九州全県・沖縄県・山口県／
九州・山口 ワーク・ライフ・バランス 推進キャンペーン

「たまらんなこれは…」と言いながら7kgの「妊婦ジャケット」を身につけ、苦しそうに階段を上るのは、佐賀県の山口祥義知事。これは九州・山口の9県と経済団体で構成される「九州・山口　ワーク・ライフ・バランス推進キャンペーン」の一環で制作された動画「知事が妊婦に」篇のCMだ。

ある国際調査によれば「日本人の夫は世界一家事育児をしない」うえ、九州・山口地域は6歳未満の子どもがいる夫の家事関連時間が全国平均より短い（総務省調査）。こうした状況を踏まえ、男性の家事育児に対する意識改革を進め、子育てしやすい社会を実現するのがキャンペーンの目的だ。

「知事を妊婦にする」アイデアは、「県のトップ自らが身体を張って女性の大変さを体感した方が本気度も伝わり、共感されやすい」と考え生まれたものだと、CS西広のコピーライター 岡本和久さんは話す。最初は「知事が出産体験をする」企画を考えたが、国内に出産体験装置がなく、多忙な知事に海外撮影は難しいと判断。その時、妻の妊娠時に自分たちも着用した「妊婦ジャケット」を思い出し、ビジュアル的にもチャーミングに見えるこの企画に着地した。「この企画が生まれたのは、100％妻たちのおかげです」（岡本さん）。

動画は、世界15カ国のメディアで取り上げられ、国内外合わせ2300万回以上視聴されている。

（写真左）左から佐賀県男女参画・こども局 こども未来課係長　平野礼子さん、主事　西村貴士さん、副課長　坂田智宏さん。
（写真右）左からCS西広 コピーライター 岡本和久さん、同 クリエイティブディレクター 深堀康平さん。

「知事が妊婦に」篇　〇企画制作／西広＋CS西広＋ティーアンドイー〇CD＋AD／深堀康平〇企画＋C／岡本和久〇演出／江口史宏〇PR／大石政治〇PM／疋田仁志〇撮影／白木世志一、原賀俊介〇録音／石田守起〇ST＋HM／中島まち子〇編集／山村祐介〇MA／松本知久〇D／阿部純一、水間景子、郡洋一〇AE／下川賢〇NA／菊池祐馬

BRAIN SPECIAL EDITION | 087

01

わたしの「ふつう」と、あなたの「ふつう」はちがう。マンガを使った人権ポスター
愛知県／愛知県県民生活部県民総務課人権推進室／
愛知県人権啓発ポスター

　12月10日は、国連が定めた「世界人権デー」。日本では12月4日から12月10日までの1週間を「人権週間」とし、全国各地で啓発活動が行われる。愛知県では、毎年この期間に合わせて7種類のポスターを制作。人権について関心を高め、理解を深める広報事業を行っている。
　2016年度のポスターは、日常に潜む身近な人権問題をマンガ化したものだ。例年、"人権問題への気づきを与える"という変わらないテーマがある中で、今回は従来より「明るいイメージにしたい」という要望が愛知県からあった。日常的なストーリーをマンガで表現することにより、幅広い年代に受け入れられ、理解できるよう工夫した。
　「人権は誰もが関係することです。難解なイメージを払拭し、他人ごとではなく自分に置き換えて、身近に感じてもらえるような表現を心がけました」と中日アド企画の岩田真実さん、加藤了平さんは話す。ポスターはすべて、キャッチコピー『わたしの「ふつう」とあなたの「ふつう」はちがう。それを、わたしたちの「ふつう」にしよう。』でしめくくられている。
　ポスターは人権週間に先行し、11月21日より金山駅連絡通路にて掲出を開始。12月5日からは愛知県内のJRでも中吊り広告が掲出された。ポスターの画像がSNSにアップされると、1日で1万件以上拡散されたという。他の地域でも掲出してほしい、という声も多くあり、愛知県への問い合わせも相次ぐなど、大きな反響を呼んでいる。

上段左から時計回りに、中日アド企画 加藤了平さん、岩田真実さん、大橋裕之さん、武部敬俊さん。

01 大橋さんのやわらかなタッチと、人権問題のリアルなストーリーが、絶妙なバランスで融合している。

○企画制作／中日アド企画○CD＋C／加藤了平○AD＋C＋CD／岩田真実○D／武部敬俊○I／大橋裕之 AE／小出高史

温水さんと記念撮影　日本のひなたを体感
宮崎県／ひなたぬくぬくベンチ

　2015年にスタートした宮崎県プロモーション「日本のひなた宮崎県」。第1弾はロゴ、キャッチフレーズの発表やPR動画を公開し、第2弾となる今回は「ひなたぬくぬくベンチ」として、同県出身である俳優 温水洋一さんの等身大の銅像と一緒に座れるベンチが、2016年12月15日から宮崎ブーゲンビリア空港に設置された。

　宮崎県一帯は、かつて「日向」と称され、気候的に見てもまさに「日本のひなた」といえる場所。プロモーション開始から1年が経過し、豊かな自然や食、人々の魅力がひなたらしい、ほっこりとした話題として広まるよう、第2弾の企画が進められた。「実際に人が動くよう、宮崎の玄関口である空港に、つい足を運んでみたくなるような新しい『ひなた体験スポット』をつくりました。実際にそこを訪れた人たちがベンチで写真を撮影、SNSに投稿することで、ひなた体験者によるさらなる拡散も狙いました」と企画したグリッツデザイン日髙英輝さん、電通 荒木俊哉さんは話す。

　Webサイトでは、銅像制作の過程がわかるスペシャルムービーも公開。温水さんによる宮崎県のおすすめポイントも紹介されている。

　空港では、宮崎県を訪れた観光客、帰省の人々がひっきりなしにベンチで温水さんとの写真撮影を行い、SNS上で拡散。この様子が、県外のテレビ局でも取り上げられ、全国で話題化している。ベンチは、都内近郊で行われる宮崎県主催のイベントにも出張し、また、宮崎県のWebサイトではベンチを置きたいという県内の企業・団体を募集しており、その後も県内を回遊している。

左からグリッツデザイン 日髙英輝さん、電通 荒木俊哉さん

01　スペシャルムービー

○企画制作／電通＋グリッツデザイン○CD＋AD／日髙英輝○CD＋C／荒木俊哉○PR／大迫雄一、上家浩司○PM／冨塚新之助○演出／川北亮平○撮影／壱岐紀仁○録音／牧田祥悟○ST／飯間千裕○編集／金子誠二郎○D／田口宏樹○CAS／佐久間一枝、中村岬○AE／太田淳、古田拓也

01

時代を超えて繋がる家族を仏壇とともに表現
福岡県／お仏壇のコガ

　仏壇の開かれた扉の中からのぞく古い結婚式の写真。そこには「いったい何組が恋をして、今の私なんだろう。」というコピーがそえられている。古い家族写真と現在を繋ぐコピーが印象的なのは福岡県の仏具店 お仏壇のコガのポスターだ。同社は、日本人の心から仏壇の存在価値や意義が失われていることに課題を感じ、仏壇のあり方を啓蒙する目的で広告を制作。博多駅のJRと地下鉄を結ぶ通路に2010年から、約2年毎にグラフィックを変更し掲出している。

　このポスターシリーズは今回で第3弾。第1弾、第2弾では、仏壇自体をグラフィックに登場させずに、現代の時間軸の中で仏壇のあり方を表現した。第3弾のコンセプトは「家族の系譜」。初めて仏壇をグラフィックの中心に置き、時代を超えて家族の真ん中にあるタイムマシンのような存在であることを表現。「使用した写真は、『ドキュメンタリー』にこだわり、すべてクライアントや制作スタッフの実際の家族やご先祖さまのものです。100冊以上のアルバムから、ストーリーを感じ、見た人が共感できる写真を選びました」とクリエイティブディレクション、コピーを担当した電通 勝浦雅彦さんは話す。勝浦さんは同社の広告制作を担当して6年。その中で、自身も親を亡くし仏壇を購入する機会があり、そのありがたさを感じたという。「ポスターを見て、店舗へ来店する方が増えました。世の中が変わっても変わらない親子の情やご先祖様への敬意をこれからもコガさんと一緒に伝えていきたいと思います」。（勝浦さん）

電通 勝浦雅彦さん

01 博多駅には、アートギャラリーのように、年間を通じてポスター全12種類から5枚ずつが順に掲出されている。

○企画制作／電通九州＋PISTON ○C＋C／勝浦雅彦 ○AD＋D／松元博孝 ○AD／伊東巨茂

01　02　03　04

富山の新たなものづくりブランド始動
富山県／越中富山 技のこわけ

　富山県総合デザインセンターは、2017年3月27日に富山のものづくりの技を伝えるブランド「越中富山 技のこわけ」を発表した。2011年に始まった富山県の食文化を伝える統一お土産ブランド「越中富山 幸のこわけ」に続く商品開発プロジェクトである。

　技のこわけの第1弾商品は「福分け皿」。幸のこわけブランドコンセプトである「おすそわけ」を踏襲し、富山の幸をみんなで分け合う直径12センチの小さなお皿23点を揃えた。制作は、県内企業5社および作家5名が参画し、それぞれ異なる6種類の素材が用いられている。フリーランスのバイヤー 山田遊さんら県内外の有識者5名によるプロジェクト委員会によって開発が進められた。

　商品パッケージにもこだわりがある。包装紙は、明治時代、日本の工芸品を輸出する際に梱包材に使用された浮世絵が注目され、世界の美術シーンに多大な影響を与えた史実がヒントになっている。表面は商品の製造現場を時代画風のイラストで描き起こし、裏面は商品情報を印刷した。「日本全国の物産品の製造現場を絵で紹介した明治時代の『大日本物産図』をヒントにしました。金属・漆・ガラス・陶器4種の製造現場の包装紙があります」とパッケージデザインを手がけた、地元富山県のグラフィックデザイナー ROLEの羽田純さんは話す。

　パッケージ自体が富山の技術を伝える「メディア」としても機能することを狙う。4月以降、日本橋とやま館をはじめ県内外での販売がスタートする予定だ。

01「技のこわけ」。富山の技術を生かしてつくられた12cmの小皿23点を発表。
02,03　包装紙が見えるように半透明のスリーブを桐箱に施したパッケージ。
04　商品の現場を時代画風のイラストで描き起こした包装紙。

○AD＋D／羽田純01／佐藤義隆

01

ファンの気持ちを盛り立てる自虐演出
愛知県／中日ドラゴンズ、他6社連合「WE LOVE DRAGONS ドアラのカタキをうって」

中日ドラゴンズの公式キャラクター「ドアラ」が、セ・リーグの他5球団を思わせるモチーフに攻撃される新聞広告「ドアラのカタキをうって」が、2017年3月27日からリーグ開幕までの5日連続で中日新聞、中日スポーツに掲載された。

これは、中日新聞社が2008年から実施しているドラゴンズを盛り上げる企画「WE LOVE DRAGONS」の2017年版。ドラゴンズは、前年セ・リーグ最下位になるなど、ここ数年は成績が低迷気味だ。そんな暗いムードを払拭し、改めてファンの期待感を高め、ホームである名古屋を盛り上げるべく、話題となるような企画として電通中部支社とたきC1が提案した。

「クライアントは、『こんな時だからこそ、面白いことをやりたい！』と言ってくれました。普段からキモかわいいと言われているドアラのキャラクターを生かし、少し自虐的で、見た人が面白がってくれるような、また他球団のファンの方も許してくれるような企画を目指しました」と企画を担当した、たきC1 コピーライター 都竹玲子さんは話す。

前年最下位であったことを逆手に取り、他5球団に攻撃されるドアラをメインに、リーグ開幕後、ドラゴンズが試合でその"カタキ"をとっていく、という流れにした。広告では、ドアラはすべて同じ表情、顔の向きに固定。攻撃する球団も、一目でわかるようモチーフをシンプルに描いた。キャッチコピーは、開幕当日となる最終日のみ「ドアラをたすけて」に変更し、より切実感を演出した。新聞への掲載と同時にSNSでも発表をすると、ホームである名古屋を中心に全国で話題となった。

左から、たきC1 コピーライター都竹玲子さん、電通中部支社 顧客ビジネス局新聞部 田中僚介さん、たきC1デザイナー鷲見まゆみさん。

01　新聞広告「ドアラのカタキをうって」2017年3月27日から31日掲載分。

○企画制作／電通中部支社＋たきC1○CD＋C／都竹玲子○PR／田中僚、北沢駿介、大山春義○AD＋D＋I／鷲見まゆみ

01

02　　　　　　　　　　　　03

なくなるョ!全員集合　長く愛された遊園地の閉園をポジティブに
福岡県／スペースワールド

　1990年の開園以来、27年間営業を続けてきた遊園地 スペースワールドが2017年いっぱいで閉園する。それにともない、3月18日からテレビCM「所信表明」篇が放映された。CMは、これまでの歴史と閉園を伝えるナレーションからはじまり、人気アトラクション「ヴィーナスGP」の前に集結したスペースワールドのスタッフが、中心にいる島田取締役の「なくなるョ!」という号令に続き、「全員集合」と叫びながら拳をあげる、という内容だ。「スペースワールドは成人式の会場となるなど、北九州地方の人なら誰もが一度は訪れたことがある場所。皆さんが閉園前にもう一度来たくなるよう、明るくポジティブに呼びかけています」と、同社のCM企画を担当して3年目となる博報堂 河西智彦さんは話す。

　企画では、「閉園」に対する悲しい負の感情から、最後の「全員集合!」で明るい感情に一転させる「感情の設計」が行われている。この感情の動かし方によって、人が実際に動くと河西さんは話す。「悲しいだけのCMでは、人は動きません。短い時間でキャッチコピーを頭に残し、感情を動かす。それにより、CMの本来の目的である、来場者を増やすことを目指しています」。CMの放映開始から、来場者数は昨対比150％にまで増加。早くも効果が現れている。

　4月7日からは「ツボ押しコースター」篇の放映も開始。今後も、閉園までさまざまな企画が予定されている。河西さんは「閉園前に、一生忘れない思い出をつくってほしい」と話す。

博報堂 統合プランニング局　河西智彦さん。

01　テレビCM「所信表明」篇
02　Web限定ムービー「アルバイト募集」篇。
03　「ツボ押しコースター」篇(企画 博報堂)

○企画制作／博報堂○CD＋C＋企画／河西智彦○AD／今林大造○PR／浅野真史○演出／永田俊○撮影／福寛明○PM／岸本祐進○NA／山口恵

> 山形でものづくりを続けていく。今回のブランディングは、そのためのチャレンジでした。

President

渡辺博明

オリエンタルカーペット・代表取締役社長

最高級国産絨毯「山形緞通（だんつう）」

潜入!

経営者×クリエイターのアイデア会議

The Partnership of President & Creator

企業の未来を形作る構想を言葉やビジュアルで表現し、実現に向けて力を尽くす。
そんなクリエイターとパートナーシップを結んで大きな変革に挑戦し、着実に成功を積み重ねている経営者がいます。
「伸びている企業の経営者のそばには、優れたクリエイターがいる」——
経営者×クリエイターの二人三脚で他にない価値を生み出そうとしている事例をここからは紹介します。

——お二人が出会ったきっかけは？

西澤 日本の優れた伝統文化や技術を世界に発信しているキュレーターのような方がいらっしゃるのですが、その方が「オリエンタルカーペットというメーカーが作っている絨毯ブランド『山形緞通』は素晴らしい。海外に紹介したいが、今のままでは難しい。どうしたらいいか」と、相談に来られたんです。それなら直接、社長と話をしてみようということになりました。

渡辺 山形緞通は日本で唯一、紡績（糸づくり）から染色、織り、仕上げの艶出し加工まで、すべて職人の手による一貫管理体制の下で絨毯を作っています。これまでは、公共施設やホテルなど大規模建築物の内装材が事業の主軸でした。実は、新歌舞伎座のメインロビーや、東京都庁の絨毯も当社が製造・施工を手掛けたのです。しか

> 経営者には「デザインをうまく使う」意識が必要。逆にデザイナーにも経営のリテラシーが求められています。

Creator
西澤明洋
エイトブランディングデザイン・代表

のブランディングデザイン

し、海外から安価な絨毯が流入してきたり、リーマンショック後の建設不況が続く中、将来を見据えたとき、「このままでは、我々のアイデンティティである『山形でのものづくり』を続けられなくなるのではないか」という危機感を持っていました。山形での絨毯作りを続けていくために、今後は一般家庭で日常的に使ってもらえるようなホームユースラインにも力を入れたい。しかし、どうすればいいのか…。西澤さんと出会ったのは、そんなふうに解決の糸口を探してもがいているときでした。

西澤 既存のホームユースライン「古典」の実物を見たら、世界でも最高峰の技術で作られていることは明らかでした。また「デザイナーライン」として、フェラーリをデザインした工業デザイナーの奥山清行さんや、建築家の隈研吾さんとコラボレーションした商品を作っていることにも驚きました。デザインは桜花や紅葉といった古典的なものから、「苔」「海」のようなチャレンジングなものまで様々ですが、どれも手織りや手刺し、カーヴィングなど、素晴らしい技術の粋を集めた商品ばかり。この技術を、ブランドとして残していくべきだと強く思いました。そのためには、山形緞通は、伝統工芸のように"ありがたがられる"存在になるのではなく、普段使いしてもらう必要がある。まずは商品構成から見直す必要があるなと思いました。

東京⇔山形間を隔週で行き来

西澤 今回の例に限らず、ブランディングデザインは、最初にコンセプトを決め、それを軸にブランド戦略を練っていきます。今回は、商品ありきでコミュニケーションの方法を考えるのではなく、商品戦略から

BRAIN SPECIAL EDITION | 097

1

考え直す必要がありましたので、その骨子が固まるまでは、2週間に1度、東京と山形を行き来しました。コミュニケーションを重ねる中で、お互いの感覚を理解し合ったり、目的意識を刷り合わせていったんです。僕らはオリエンタルカーペットの"デザイン部"として企画開発を行う。そういう関係性をつくりたいと考えました。

渡辺 外部のデザイナーが入るとなると、最初は皆どうしても身構えてしまう。ですから、今回のプロジェクトチームには、職人や製造の責任者もメンバーに入れてもらいました。

西澤 最初のほうの打ち合わせは、ワークショップ形式でしたね。全員で山形緞通の良いところ・悪いところ探しをして、今後どうなっていきたいのかを一緒に考えていきました。3〜4カ月ディスカッションを経て議論の内容が整理できたら、いよいよ僕らからの提案の段階です。提案内容は、既存の「古典ライン」「デザイナーライン」の間に、「コンテンポラリーライン」という新ラインを作ること。山形緞通の技術力はそのままに、現代的な生活風景の中にも溶け込むようなデザインと、リーズナブルな価格帯を重視しました。既存ラインとの統一感を持たせるために「自然」をテーマにしていて、紡績・染色も自社で手掛けているという強みを最大限打ち出すために、グラデーションを使った「空景」を描き出しています。

渡辺 色在庫は2万色近く常備していて、例えば同じ「青」でも15色の幅があります。「空景」シリーズの一つ「しもつき」は、青系のグラデーションを使った商品ですが、新たに開発した6色の青を41の組み合わせで織りました。こんな手間のかかることをするのは、国内外を見渡しても当社くらいですね（笑）。それが山形緞通の強みだとも思っています。

西澤 僕らから理想的な商品構成を提案した上で、製造／営業と様々な視点から検証してもらい、商品戦略を固めていきました。

渡辺 最高水準の技術を用いながらも、手に取りやすいプライスゾーンを維持するために、可能な範囲で製造工程を減らしたり…。一緒になって細かいチューニングを重ねました。

西澤 商品戦略が固まったら、次にブランドロゴや各種コミュニケーションツールのデザインに入っていきました。ブランド紹介ムービーを制作し、商品カタログもリニューアル。続いてWebサイトのリニューアルにも着手しました。

渡辺 山形緞通のブランド価値の根幹には、山形の豊かな自然や熟練した職人の手仕事がある。そうした世界観を、動画でたくさんの人に知ってもらえればと期待しています。

西澤 ここからは情報発信を強化してい

1／「古典ライン」の主力デザイン。桜花柄の凹凸を出すためのカーヴィングも全て手作業。2／「デザイナーライン」。隈研吾氏による「KOKE」と、奥山清行氏による「UMI」。3／「コンテンポラリーライン」の「しもつき」と「あけぼの」。同ラインは2畳サイズで30万円台と、手が届きやすいプライスゾーンも意識している。4／山形緞通の商品タグ。糸の原料であるブラックシープがモチーフ。紡績、染色、織り、加工と、自社での一貫管理にこだわるブランドの姿勢を表現している。

President

渡辺博明 Hiroaki Watanabe
オリエンタルカーペット
代表取締役社長

青山学院大学卒業後、山形テレビ入社。1991年オリエンタルカーペット入社。企画部長、総務部長、常務取締役を経て、2000年に専務取締役就任。2006年に代表取締役社長に就任（5代目）。オリエンタルカーペットは、2006年に経済産業省「明日の日本を支える元気なモノ作り中小企業300社」受賞、2009年に経済産業省「第3回ものづくり日本大賞・経済産業大臣賞」受賞。

Creator

西澤明洋 Akihiro Nishizawa
エイトブランディングデザイン
代表／ブランディングデザイナー

「ブランディングデザインで日本を元気にする」というコンセプトのもと、企業のブランド開発、商品開発、店舗開発など幅広いジャンルでのデザイン活動を行う。主な仕事にクラフトビール「COEDO」、抹茶カフェ「nana's green tea」、料理道具店「釜浅商店」、LPガス「カナエル」、タオルプロジェクト「ℓℓℓ works」など。グッドデザイン賞をはじめ国内外の受賞多数。著書に『新・パーソナルブランディング』『ブランドのはじめかた』、『ブランドのそだてかた』など。

ましょう、とお話しています。ブランドの"伝言力"を加速して、早く売上につなげていきたいですね。「山形でのものづくり」を続けていくためには、オリエンタルカーペットという企業自体が元気であること、つまり売上が上がることが必須条件ですから。また、情報発信を積極的に行っていくことは、リクルーティングにも良い効果をもたらすと思います。

渡辺 事業が成長して売上が上がれば、新しい人材を採用できる。するとまた新しいものを作ろうという機運が社内に生まれる。そういうふうに一つひとつ順番に進めていくのが、私たちのような中小企業のあり方だと思います。

デザイナーに求められる経営マインド

――渡辺社長にとって西澤さんはどういう存在ですか？

渡辺 西澤さんにブランディングをお願いすることは、当社にとって大きな決断でした。自分の決断が間違っていなかったと確信したのは、春に出展したインターナショナル・ギフト・ショーです。同イベントへの出展は初めてのことでしたが、職人の実演もなしに、絨毯だけを架台にかけて展示するというのは、まさに"西澤ワールド"。我々の感覚にはない展示方法でした。驚いたことに、人気雑貨ブランドのバイヤーが見に来てくれたんです。適切な形で表現すれば、若い人にもちゃんと見てもらえて、こだわりが伝わるのだということを、西澤さんに教えていただきました。

――西澤さんにとって渡辺社長はどういう存在ですか？

西澤 とにかく熱い人です。渡辺社長は今回のブランディングを「山形でのものづくりを賭けたチャレンジ」だとおっしゃっていて、本気で会社を立て直したいと考えていた。ものづくりを愛しているし、デザインへの思いも強い。そういうことは僕らに肌感覚で伝わってきます。新しい価値を、二人三脚で生み出していくパートナーとして、社内へ迎え入れていただいているという実感もありました。

――最後に西澤さんに伺います。企業の未来にクリエイティブが貢献できることとは？

西澤 デザインは、その企業の良いところ、強みを具現化する・強化するもの。経営者には「デザインをうまく使うことで、会社を良くしよう」という意識が必要だと思いますし、逆にデザイナーにも経営のリテラシーが求められます。デザインは、単に表現の美しさ、センスの良さを追求すればいいというものではなくなっていると思います。デザイナーは、デザインの枠組みを考え直さなければいけない時代にきているのかもしれません。

次の段階へステップアップしたい。そのために、プロの力も借りながら、ブランドをより洗練させたいと思いました。

潜入!

経営者×クリエイターのアイデア会議

The Partnership of President & Creator

President

河邉哲司

久原本家グループ本社・代表取締役社長

創業120年 老舗食品メーカーの

——お二人が出会ったきっかけは?

河邉 だしや醤油、酢といった調味料を扱うブランド「茅乃舎」のブランディングをスタートしたのが2012年8月。水野さんとの出会いのきっかけは、海外に向かう飛行機の中で、機内番組を見ていた時のことでした。麻織物の老舗・中川政七商店の若き13代目、中川淳さんの新しいブランドづくりが紹介されていて、私はそのデザインに一目で惚れ込んでしまった。中川さんご本人から、デザインを手掛けているのは水野さんだと伺い、紹介していただきました。中川政七商店と当社では、扱う商品は全く違いますが、古い業界に身を置く者同士、状況は似ている。共感すると共に、現代の人々にも広く受け入れられるブランドをつくり上げることは、我々にもできるのではないかと思いました。

水野 初めてお会いした時、河邉社長は

ブランドを形づくる要素として、商品の次に来るのが「見え方のコントロール」。デザインを最適化する意識が、経営者には不可欠です。

Creator

水野 学

グッドデザインカンパニー

「ネクストステージ」に向けた飛躍

「茅乃舎のブランドをきちんと構築していきたい」とおっしゃっていましたね。

河邊 もともと当社は、醤油やだしなどの加工調味料を作って、スーパーマーケットや小売り店、食品工場に売るというBtoB事業を主力としていました。デザイン性にこだわる必要はあまりなかったと言えます。それが茅乃舎というブランドを立ち上げてからは、商品をいかに売るかということをより本気になって考えなければならなくなった。そこで当社では、商品パッケージ、商品カタログ、広告といった、一般的には外注することが多い業務を、すべて社内のクリエイティブ部門「クリエイティブ事業部bios」で内製するようになりました。これらはお客様との最初の接点であり、製品づくりと同じくらい大切なことだと考え、こだわりを持って丁寧につくってきまし

た。いくら良いものを作っても、手に取って、買ってもらえなければ次に進みませんから。しかし2010年4月に東京・六本木の東京ミッドタウンに出店してみて、周りのブランドのレベルの高さに驚いた。もっと勉強して、もっと良いものをつくり上げて、ブランドとしてより成長したいと強く思いましたね。ありがたいことに、出店後しばらく経っても多くのお客様に来ていただき、売上は着実に上がっていましたが、このままでいいのだろうか？もっと上に行けるのではないか？——その思いはずっとありました。水野さんとお会いした2012年は、ちょうど2014年3月開業の「COREDO室町3」への出店の話をいただいた時期だったこともあり、次の段階へステップアップしたいという思いがより強まっていました。

水野 「新興ブランド」の時期は過ぎて、茅乃舎はある種、"横綱"になった。そこから、

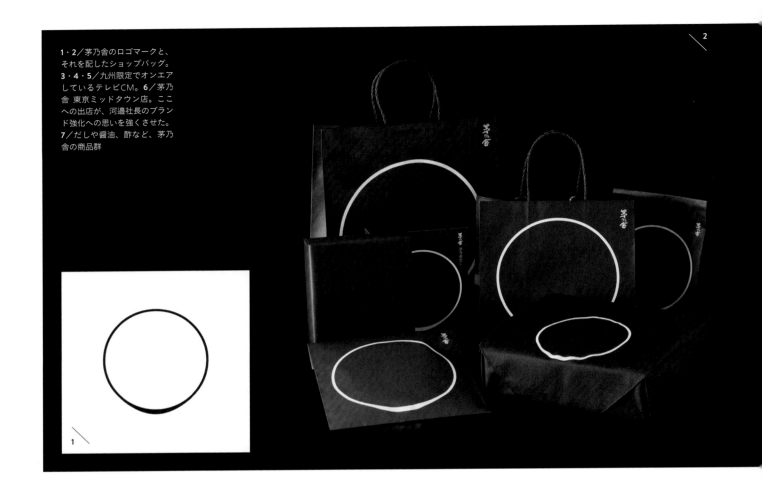

1・2／茅乃舎のロゴマークと、それを配したショップバッグ。3・4・5／九州限定でオンエアしているテレビCM。6／茅乃舎 東京ミッドタウン店。ここへの出店が、河邉社長のブランド強化への思いを強くさせた。7／だしや醤油、酢など、茅乃舎の商品群

さらに連勝記録を伸ばしていくためのブランドづくりを求められたのだと思います。質の善し悪しは置いておいて、茅乃舎を模倣した商品やブランドが次々と出てきていて、河邉社長はそうなることをかねてから予測されていました。そうした環境の中で戦うためにも、ブランドをより洗練させること、より強くすることが必要だと考えられたのでしょう。最初にお話をいただいた時は率直に、「こんなに売れている人たちの仕事なんて、超緊張する…！」と思いました（笑）。僕が入ったことで、逆に売上を落とすようなことがあってはならないと、久原本家のこと、九州のこと、調味料のこと……徹底的に調べました。そうする中で、解決すべき色々な問題点も見つかった。しばらくは、日々の業務の中で出てきたブランドの改善点に一つひとつ対応しながら、それと同時にブランドを表す言葉、つまりコンセプトを、河邉さんをはじめ久原本家の方々と話しながら定めていきました。

河邉　卸から小売りへと業態を変えて、「こういう商品があったらいいよね」という思いは色々あったのですが、それが言葉になっていなかった。また、デザイン面でも多くの迷いがありました。それらを整理していただいて、今後我々が進むべき道を教えていただいている――まさに今、その段階にあります。ここまでの一番の変化を挙げるとすると、新しいブランドマークをつくっていただいたことだと思います。

水野　実はこのマーク、「新デザインが欲しい」というご依頼はいただいていないんです。僕自身が、ブランドを強化していく上でシンボルとなる新しいマークをつくったほうがいいと考えて、自主的にご提案しました。でもこのデザイン、なかなか出来上がらなかったんですよね。デザイナーになってから約18年、これほど悩んだのは初めてでした。なぜかというと、これまで久原本家が行ってきたビジュアルコミュニケーション、ブランディングの方向性が、間違っていなかったから。ケチをつけるポイントがほとんどなかったんです。商品パッケージを以前のものからほとんど変えていないのも、そういう理由です。ここで変なマークをつくったら、これまでの素晴らしいコミュニケーションを台無しにしてしまう。悩みました。目指したのは、強くてシンプルで洗練されたマーク。そうして、この形に帰結しました。

河邉　見た瞬間、これは100年使えると思いました。我々企業にとって最も重要なキーワードは「永続」です。ですからマークも、長く使えることが大事だと思っていました。水野さんがつくってくださったマークは、まさにシンプルイズベスト、望んだ通りのものでした。東京ミッドタウンに行くと、たくさんの方がこのマークが

President

河邉哲司 Tetsuji Kawabe

久原本家グループ本社
代表取締役社長

1955年福岡県生まれ。78年、福岡大学商学部貿易学科卒業。同年、久原調味料入社。従来の醤油の製造販売が中心の事業から、加工調味料の製造販売へと事業を転化し、精力的な営業活動で業績を伸ばす。以降、椒房庵（現・久原本家）をはじめ、素材にこだわった食品ブランドを多数立ち上げるほか、「茅乃舎」ブランドで自然食レストランやグローサリーショップを全国に展開している。

Creator

水野 学 Manabu Mizuno

グッドデザインカンパニー
クリエイティブディレクター

1972年東京生まれ。慶應義塾大学特別招聘准教授。多摩美術大学グラフィックデザイン科卒業。25歳で独立し「good design company」を設立。以来、ブランドづくりの根本からロゴ、商品企画、パッケージ、インテリア、コンサルティングまで、トータルにディレクションを行う。世界三大広告賞の「The One Show」や「CLIO Awards」の受賞など国内外から高い評価を獲得。くまモンは「2011年ゆるキャラグランプリ」受賞。

入った紙袋を持っていて、大変嬉しい気持ちになります。先日は、当社スタッフがパリでこの袋を持っている人を見かけたと言うんですよ。店舗で買い物をした直後に持っているのは当たり前だけれど、別の用事で袋が必要になった時に選んでもらえるのは素晴らしいこと。商品を評価していただきたいという思いはもちろんありますが、それに加えて、ブランドの世界観・佇まいを受け入れていただけるのが理想です。

——打ち合わせではどのような話をされるのですか？

水野 月1回ほどの打ち合わせを、僕は毎回「作戦会議」だと思って臨んでいます。河邉社長をはじめ、皆さんのお人柄だと思うのですが、「仲間に入れていただいている」という感じがします。オリエンがあって、プレゼンをして、という、よくある企業対クリエイターの関係ではなく、「こういう風に思っているんだけど、どうだろう？」「あ、それはすごくいいと思いますけれど、ここはこうしたほうがいいですよね」「そうだよね」のような対話を通じて、プロジェクトが進んでいきます。「こんな商品がいいと思うんですけど」と、頼まれてもいないのにご提案することもあります。商品企画なんて、それこそ毎日のようになさっているわけですから、「もう考えている」というのもあるかもしれないし、明らかにお節介なんですけど（笑）。

河邉 水野さんは、「茅乃舎」や「デザイン」という枠を超えて、例えば「ニューヨークで見たんだけど、こんなビジネスが面白いんじゃないか」といった、我々が思いもしない発想のヒントや、新しいアイデアをくださる。単なるデザインパートナーというより、マーケティングパートナーという要素のほうが強いかもしれません。

水野 例えは悪いのですが、僕の仕事は「武器商人」だと思うんです。マーケットという"戦場"で戦う企業に対して、有利に戦える武器をいかに供給できるか。アイデアに満たないアイデア、というレベルのものもありますが、河邉社長が経営を考える上でのヒントになるようなことを、ほんの少しでもお渡しできたらいいなと思っています。クリエイティブは、経営に間違いなく貢献できます。IT企業を見ると分かりやすいのですが、今は、デザインが良い企業しか生き残れない。技術力の飽和を迎え、誰もが良いものをつくれるようになってしまったからです。ブランドを形づくる要素として、商品の次に来るのが「見え方のコントロール」だと思います。ユーザーインターフェースを含めた機能デザインと装飾デザイン、その両方をきちんとコントロール・最適化することが、経営には欠かせなくなっていると思います。

「和菓子」、「洋菓子」という垣根を自分たちが捨てようと考えていました。

潜入!

経営者×クリエイターのアイデア会議

The idea conference
Executive & Creator

Executive

北川 聡

京都吉祥庵・代表取締役社長

自分のイメージするビジネスを

——お二人が出会ったきっかけは？

北川 京都吉祥庵は、江戸時代から続いて私で16代目ですが、現在は麦の穂ホールディングスの一員になっています。ホールディングスに入った頃に、取締役のひとりが河野さんと面識があって紹介してもらったのがきっかけです。

当時、長く続いていることは一つの価値とは思いつつ、スタイルが時代に合わなくなっていくという危機感も抱いていました。ブランディング活動に変化を起こす必要性を感じていたときに、デザインのことやウェブマーケティングのことを気軽に相談できる人を探していて出会ったのが河野さんでした。

河野 最初は仕事を前提にしたわけではなく、会って、お話するという感じでしたよね。北川さんは、伝統的なものを引き継ぎ

吉祥庵というより、北川さんという存在を理解しようとしています。

Creator

河野 貴伸

FRACTA・代表取締役

会社の成長とともに、表現する。

ながらも起業家的な感覚も持っている方で、その取捨選択を慎重に進めている印象を持ったので、私たちとしてはウェブを中心にお手伝いできることがあるかなと思っていて、最初に仕事として関わったのは、ECサイトでした。

「和菓子屋」をやめたかった

北川 当時は大手コンビニチェーンなどのカタログ通販向けの商品提供が事業の中核になっていました。しかし、これからは消費者の意見をダイレクトに取り入れていかなければいけないと考え、ECサイトを始めました。ですが、カートの仕組みひとつとってもわからないことが多く…河野さんに相談していく中で、自然と仕事の話になっていきました。

河野 まずは吉祥庵さんを知ろうということで、工場見学をさせてもらったりしましたが、事業が致命的にうまくいっていないわけではない。北川さんのなかにある「このままじゃダメだよね」という感覚が課題の起点だと感じました。

北川 「和菓子屋」をやめたかったんです。これまでの歴史を基盤にしつつも、「和菓子」、「洋菓子」という垣根を自分たちが捨てようと。この自分のイメージするビジネスを会社の成長とともに、どう表現していけばいいのか、私ひとりではわからない部分もあったので、そういう話はよくしていましたね。

——北川社長にとって、河野さんはどんな存在ですか。

北川 パソコンを買い替えてウィンドウズからMacにしたのですが、そのときに「どんなアプリ使ってるの?」って聞きたくなる(笑)。そういうレベルの相談もできる

BRAIN SPECIAL EDITION | 105

1

友達のようでもあり、師匠のような存在でもありますね。今回「吉祥菓寮」のブランディングをお任せしたのですが、題材にしている「きな粉」をどう食べると新しいか、どう使えば面白いかといったことまで相談に乗ってもらいました。これは、私たちだけではなく、うちの現場とFRACTAの皆さんも相談し、反応を見て、戦略に役立てていくという関係につながっています。

河野 私たちが一番重視しているのは、ブランドを理解することです。うちの松岡はそこに非常に熱心で、吉祥庵というより北川さんという存在を理解するためにソーシャルメディアまでトレースしています。経営者が前に出すぎると、その人が交代すると終わってしまうこともあるので必ずしも良いことではありません。ただ、立ち上げのときのブランドというのは経営者自身の人生だと思っています。だから北川さんの

ことを知るのはとても大事で、うちの社員はこの仕事が始まるとき、みんな「北川さんと現場の担当者の方に会いたい」と言いました。通常だと資料を集めて社内で説明して進めるのだと思いますが、私たちはまず会う、会って一緒にご飯を食べようと。そういうところをすごく重視しています。今回の場合は、ひたすら商品を食べる。社内的には食べたい言い訳みたいなものですけど（笑）。

——北川社長は他の経営者とは異なるキャラクターを持っているのでしょうか

河野 経営者って極端に言うと、引き継いだものを「守る」ことに長けた人と、新たに何かを「生み出す」ことに長けた人がいて、通常はどちらかのパターンになるので、引き継ぎつつ、それをベースにチャレンジするタイプは珍しいと思います。私たちくらいの年齢になると、考え方が固まってしま

って新しく何かに影響を受けても長続きしない。でも、北川さんは会ってお話しする度に変化があって、打ち合わせを重ねる毎に方向性やビジョンがクリアになっていきます。こういう感覚は起業したり、新しいブランドをつくるときにはすごく重要で、引き継いでいくときにはない感覚なので、そういう意味で特殊性はあるかもしれません。

北川 「お菓子屋」という部分は守ろうと思っていますが、和とか洋というような枠組みは考えていません。私が持っているアイデアを河野さんにお話しすると、FRACTAの皆さんがまとめて、最終的にコンセプトシートなどで「私はやりたかったのはこういうことだ」という形にしてもらっているというのはありますね。

河野 普通は発注をもらって、予算をいただいてからつくる、という感じだと思います。私たちは北川さんとの話の中からなん

106 | BRAIN SPECIAL EDITION

Executive

北川 聡 *Satoshi Kitagawa*
京都吉祥庵
代表取締役社長

京都出身。日本大学卒業後、不動産投資会社を経て、桂華堂に入社、その後独立し2006年京都吉祥庵創業。2014年3月和洋菓子店「吉祥菓寮」を祇園にオープン。京都フードマイスター。

Creator

河野 貴伸 *Takanobu Kouno*
FRACTA
代表取締役

ブランディングのあらゆるサービス・テクノロジーを提供するFRACTAを設立。EC-CUBEエバンジェリスト。

1・2／京都吉祥庵は、そのルーツを江戸時代の菓子茶房にもつ京都に根付く菓子屋だが、時代に合わせた新たな商品開発を続けている。3／長年にわたり販売してきた歴史から「大豆」「きな粉」へのこだわりを大事にしている。現在も、自家焙煎きな粉を使用した商品には、京都吉祥庵のこだわりが詰まっている。4・5／2015年3月29日に京都市東山区にオープンした、ブランドの旗艦店「吉祥菓寮 祇園本店」。

となく形にして、お見せして使えるものがあれば、使うっていうやり方もあるのではないかと思っています。とりあえずつくってみて、いけそうならそこに資本を投下する。そういうやり方がブランドにとって必要なものをつくるときには重要なのかなと会社としても考えています。

自分たちのブランドのように思えるか

——ブランディングでは社内の意識改革も大事だと思います。

北川 私たちはお菓子という手段を使って、人々に幸せになってもらうために、ある会社だと思っています。そう考えると、ステレオタイプな集団では感動は生み出せないと思っています。できれば個性派の集団になりたい。右に倣えではなく、それぞれが強烈な個性を発揮しながら、一つのチームになって働いている会社にしたいと思っています。

河野 最近、吉祥庵の皆さんは自信にあふれている、自分たちは面白いことをやっている、世の中の人を喜ばせているぞという自覚を持っているように感じます。お菓子づくりもクリエイティブな仕事だと思うので、自信は大事で、ちょっと過剰なくらいがちょうど良い。食べる方からすると、自信たっぷりで出してもらったほうが信頼できる。

北川 今回、吉祥菓寮をオープンしたのはすごく良かったです。オープン前に従業員とその家族や友人を招いた従業員レセプションを一日行いました。その日が一番忙しくて大変でしたが、今まで、つくったものがどこで売られているか見ることができなかった従業員たちは、自分がつくったもので人が喜ぶ姿を見ることができました。それ以前にも、フランスやシンガポールなど、海外へ売りに行き好評でしたが、そういう場面を見て人が喜んでいることを実感するとモチベーションも変わります。

河野 私たちは単純に「クライアント」という概念で、ただ上層部にプレゼンを通すのではなく、現場レベルで働いている人に「これだ」と言ってもらうものをつくりたい。そうしてやってきたので、実際にお店ができるというのは私たちにとってもテンションの上がる出来事でした。だからこそ完璧なブランディングをしたいという思いがありました。ブランディングを手がけるときに難しいのは、自分たちがブランドを持っていないのに、人のブランディングができるのかということ。ECでも「お前ら商売やっていないだろう」と言われます。だからこそ、きちんと商売に入っていけるか、自分たちのブランドのように思えるかというところは常に考えて仕事をしています。

石川県の魅力を実体験する機会の提供が、マス広告展開との相乗効果を生みました。

潜入！

経営者×クリエイターのアイデア会議

The idea conference
Executive & Creator

Executive

竹内政則

石川県 観光戦略推進部首都圏戦略課 課長

県外からの視点と県内の突破力、

——早川さんが石川県観光総合プロデューサーに就任し、2015年で10年を迎えます。

早川 「観光総合プロデューサー」の設置は、観光誘客の促進を目的に2005年に策定された「新ほっと石川観光プラン」の実施事項の一つ。私が金沢美術大学の出身で、かつCMディレクターとしての仕事にJR東海の「クリスマス・エクスプレス」シリーズがあったことから、声をかけていただき

ました。10年後の北陸新幹線の開業も見据え、これからの石川県の観光戦略をどう推進していくか——県の皆さんと共に考え、戦略の推進を担うことになりました。

竹内 このプランでは三大都市圏を誘客対象にしていましたが、2015年3月の新幹線開業に向け、特に首都圏をターゲットに据えた戦略を改めて考える必要がありました。

早川 プロデューサーとしての取り組みが

地元の人が気付いていない魅力を、外からの視点とアイデアで磨き上げたいですね。

Creator
早川和良
CMディレクター／石川県観光総合プロデューサー

その両輪が成功の鍵に

本格化したのは、新幹線開業を4年後に控えた2012年。ちょうど、竹内さんが観光戦略推進部に着任したタイミングでしたね。2015年3月14日の開業に向けて、どういう情報・メッセージを発信すべきか。観光客を迎えるために、受け地となる地元でどんな体制やコンテンツが必要か。新幹線開業PRの戦略を、本腰を入れて考えるフェーズに入りました。観光総合プロデューサーとしての僕の立ち位置は、就任当時から一貫していて、「企画アイデアは出すけれど、実際の制作業務には関わらない」ことにしています。CMディレクターとしての仕事とは一線を画し、コミュニケーションプランニングを得意とする個人として関わることで、「そんなコミュニケーションじゃ通用しないよ」とか、「これを実現したいなら、こういうものをつくらなきゃ」とか、自由な発想・発言ができると思った。ビジネスとして関わった場合に想定される、しがらみがなかったからこそ、ここまで長続きしているのだと思います。

竹内　そんな早川さんから最初にいただいたアドバイスは、「県は、テレビCMを打つ必要はない」でした。情報発信というと、我々行政は、つい「テレビなどのマスメディアを使って、どんどん発信しないと！」という発想に陥りがちですが、そこをまず軌道修正していただきました。

早川　JRにとって、新幹線開業はまさに自分ごと。テレビCMを中心とした大規模な広告展開を行うことは明らかでした。であれば、石川県としてはJRがやらないことをやって、相乗効果を図ればいい。JR主体のプロモーションを、良い意味で利用し、JRがやらないことをやる。それが「実体験」の提供でした。石川の特産品や

1／北陸新幹線開業PRキャラクターの「ひゃくまんさん」。金箔や黒漆、加賀友禅、九谷五彩と、石川県の伝統工芸が身体にあしらわれている。　2・3／ひゃくまんさんが登場したイベントの様子。　4・5／オーケストラ・アンサンブル金沢によるコンサート「ELECTRIC LIGHT SYMPHONY」の、早川氏によるラフスケッチと実際の実施風景。演奏とシンクロする映像は、ライゾマティクスが手がけた。　6／メトロビジョンで放映された観光誘客動画。

伝統工芸品、祭りなどを、見て・触って・食べて・感じてもらう、イベント型の施策を県内外で実施するのが効果的だと思いました。

竹内　JRのプロモーションとタイミングを合わせて、石川県のさまざまな魅力を体感できる機会を提供する。それも、2014年10月から2015年3月までの約半年間に集中して実施したほうがいいとアドバイスを受けました。テレビや電車内ビジョンではCMが流れ、街では石川県に関するイベントが開催されている。短期間ながら、密度の高いコミュニケーション環境をつくることができました。

早川　開業前に、北陸新幹線開業のニュースをどれだけの人が知っているか、何度か首都圏で調査を行いました。思ったとおり、知らない人のほうが多かった。「何とかしなければ」と気が急いてしまいそうなとこ ろですが、開業半年前になれば、自然にメディアで話題にされるようになりますから、焦る必要はないと思いました。

竹内　首都圏における具体的な施策としては、例えば2014年10月26日に、都内の秋の恒例イベント「日本橋・京橋まつり」に参加し、「大江戸活粋パレード」で2015年春に日本遺産に登録された「能登キリコ祭り」などを披露したり、食や物産の販売などを実施。その翌日から、JR東日本の北陸新幹線開業CMが首都圏で放映開始される、ベストタイミングでした。そのほか、JR東京駅「エキュート東京」で開催したPRイベント「いしかわマルシェ」や、複数の百貨店で開催した物産展「いしかわ百万石物語展」など、石川の食や伝統工芸・美術、伝統芸能などに触れられる機会を波状的に展開しました。

早川　ライゾマティクスの監修で実施した 「ELECTRIC LIGHT SYMPHONY（エレクトリックライトシンフォニー）」もその一つです。石川県は、自治体としては珍しくオーケストラを持っているので、それを生かしたクラシックコンサートをしたいと考えたのですが、ただの演奏会ではつまらない。演奏にシンクロした映像を巨大なスクリーンに映し出し、石川の魅力を紹介してはどうか、と思いつきました。思い立ったが吉日、アイデアを鉛筆でメモ書きしたものを、竹内さんに見せたんですよね。

竹内　県の予算要求の際の資料には、そのメモをそのまま貼り付けて説明をしました。知事には、「早川さんのイメージを我々が無理に形にすると、アイデアが損なわれるので、そのままお示しします。どういったものになるか乞うご期待です」と説明し、認めていただき

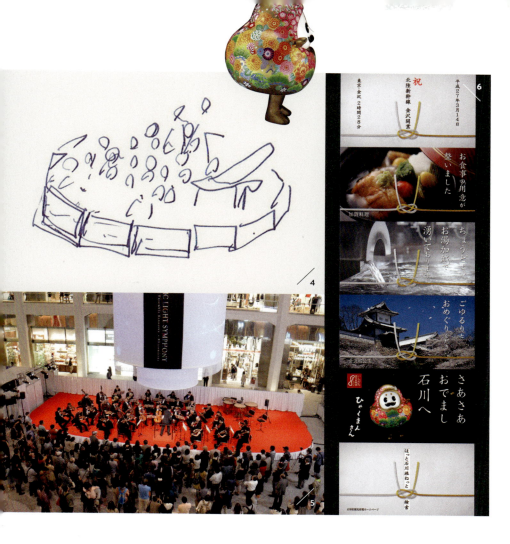

Executive

竹内政則 _Masanori Takeuchi_

石川県 観光戦略推進部首都圏戦略課 課長

1963年石川県生まれ。1982年石川県庁入庁。総務部財政課を経て、2012年に観光交流局新幹線開業PR推進課長に。2013年より現職。

Creator

早川和良 _Kazuyoshi Hayakawa_

CMディレクター／
石川県観光総合プロデューサー

1952年名古屋生まれ。金沢美術工芸大学彫刻科卒業後、1975年日本天然色映画に入社。1982年に同社を退社し、TYO設立に参加。2003年、TYOのグループ会社としてCamp KAZを設立。TYO専務取締役・Camp KAZ代表。

ました。

早川 東京・丸の内KITTEで開催した第1回に続き、今年10月には金沢駅の「もてなしドーム」で第2回を開催します。

——明確な完成図がないことに、不安はありませんでしたか？

竹内 お任せした以上は、最後まで信頼しようと思っていました。その姿勢が良い企画を生み、企画が成功することで、信頼関係が深まる、良い循環ができていました。

早川 良い提案をしても、実現しないことは多々ありますが、石川県は僕の提案を実現しようと、本気で取り組んでくれる。それが、ありがたいですね。

——今後の展望を聞かせてください。

竹内 新幹線の開業直後で、来県くださる方が多いのは嬉しい限りですが、県としては、県の観光ブランド価値をさらに高めながら、この勢いを継続していくことが重要だと思っています。

早川 そのためには、全国に向けてニュースを発信し続けなければなりません。今ある石川県の観光資産は、金沢城しかり、兼六園しかり、過去から受け継いできたものがほとんど。そういうものに依存しすぎず、常に新しいニュースをつくる必要があります。"ハコもの"を次々とつくるわけにはいきませんから、イベントなどソフトのコンテンツが中心になるでしょう。11月に開催する「金沢マラソン2015」も一例です。「金沢がまた新しいことを始めたぞ！」と県内外の人に関心を持ってもらえる話題を、次々と提供していきたいですね。

——地方創生に、クリエイターはどう貢献できますか。

早川 クリエイターの皆さんは、ぜひデザイン視点で自分の出身地を見つめ直し、魅力を磨いてみてほしいですね。地元の人が「こんなものは観光資産にならない」と思っていても、首都圏の人から見れば新鮮で、価値があるケースは少なくありません。地元の人が気付いていない良さ、知られざる銘品、その土地ならではの産業…。それを、外からの視点で磨き上げてほしい。

竹内 県職員の発想力を磨くことも重要ですが、我々には我々のやるべきこと、行政である我々にしかできないことがあります。それは、クリエイティブなアイデアを提示されたときに、それを実現させるべく、さまざまな調整を力強く、かつ戦略的に進めていくことです。「こんなことがやりたいね！」と盛り上がったときに、スピーディーに意思決定し、実現に向けて動き出せるよう、財源面のことを含め体制や仕組みを整えておいたことは、早川さんの卓越したクリエイティビティと並ぶ、今回の開業PRの成功の鍵だったと思います。

BRAIN SPECIAL EDITION | 111

経営者が会社を去っても、社員が規律を維持し、会社として成長を続ける"自己革新"ができる会社をつくりたい。

潜入！

経営者×クリエイターのアイデア会議

The idea conference
Executive & Creator

Executive

久我彰登

鶴屋百貨店・代表取締役社長

熊本一愛される店をめざして

——お二人が出会ったきっかけは？

久我 数年前、電通九州の熊本支社長から、岸さんの著書『コミュニケーションをデザインするための本』をいただいたのです。読んでみると、私にとって斬新な内容ばかり。この概念を取り入れれば、自社が今まで気付かなかった課題を発見し、改善していくことができるのではと感じました。折しも社長就任を控え、鶴屋がこれからも百貨店として成長を続けるためには、『自己革新』が不可欠だと考えていました。そのためには、我々の業界にはない考え方を持つ岸さんというクリエイターの視点と手法で、組織を揺り動かしてもらうのが良いのではないかと考えました。

岸 お会いするなり、久我さんから「百貨店という業態に未来はあるのか、一緒に考えて欲しい」と言われました。想定して

組織の意識改革と、企業文化づくり。これまでにないミッション成功のカギはモチベーション・デザインにありました。

Creator

岸 勇希

電通 CDC・エグゼクティブ・クリエーティブ・ディレクター（当時）

老舗百貨店の自己革新を共に歩む

いたよりも本質的かつ大きな話だったので、面食らったのを覚えています。鶴屋は、創業から60年以上にわたり地域に愛され、業績も好調な百貨店です。それでもネットを使えば、いつでも、どこでも欲しいものが買えてしまう時代、決して未来が安泰だとは言えません。だからこそ、「この先50年、100年と事業を継続するために今何ができるのか」「そもそも地域の百貨店とはどうあるべきか」、凄まじい危機意識を持って動こうとしている久我さんの期待に、何とか応えたいと思いました。まず久我さんが示したのは、全社的な意識改革。自由闊達で自己改革できる鶴屋づくりでした。僕は、これを実現するため、社外の人間でありながら、「鶴屋イノベーション・プロジェクト」という社内プロジェクトのリーダーとなり、「社員の意識改革」と、それをベースとした「自己革新を続ける組織づくり」という、これまで取り組んだことのない新しいミッションに取り組むことになりました。

久我 仮に優れた手腕を発揮する経営者がいたとしても、いずれ会社を去るときが来ます。そのときに、社員自ら規律を維持して、会社が成長し続けることができるか。それが企業の文化というものだと思うのです。企業文化は永遠に完成しないものだと思いますが、それを常につくり続けようとすることが、経営者には求められています。私が鶴屋を去っても、自律的に意識改革を続けていくような組織、常に新しい切り口で考え成長を目指そうとする企業の文化をつくりたい。そのためには、まずは、組織を構成する「人」づくりが重要でした。

岸 企業の意識を変えるためには、推進を加速させる「アクセル」も大切ですが、阻

害要素の排除、つまり「ブレーキの解除」がとても大切になります。そこでプロジェクトのスタートにあたって、全従業員を対象にしたアンケートを実施しました。鶴屋に対する率直な思いや不満、改善点などを従業員から聞くことで、ブレーキの正体を明らかにしようという狙いでした。アンケートの回答は久我さんを含め経営陣を通すことなく、直接僕に届くようにしたことで、リアルな課題が見えてきました。ここで僕は久我さんの本気を見ました。集まったさまざまな改善提案・課題意識のすべてを経営会議にかけ、一つひとつに対する所感と今後の対応方針を報告書としてまとめ、社員に手渡しで配布したのです。この対応に、従業員たちは衝撃が走ったと聞いています。会社は今、自分たちの提案に対し、本気で向き合おうとしている。その覚悟を、ファクトをもって示したわけです。「アンケートはあったけど、結局何の反応もなし」というのは、人のモチベーションを著しく下げます。「本気で願えば、会社は変わるかもしれない」と社員が信じられることこそ、自由闊達にアイデアを出せる環境として不可欠な空気でした。この状態は逆に言えば、発言に責任が生じるということにもなります。極めて"健全なシビアさ"を社内に浸透させていったわけです。この一連のやり取りで、社内の雰囲気も、社員の顔付きもガラっと変わったのを覚えています。

久我 我々百貨店は、そうした新しい挑戦に対しては慎重で、保守的な姿勢を取り続けてきました。組織に根付く慣習というものですね。でも、ものづくりの現場では、失敗を恐れずにアイデア提案を続け、それを次々と形にしていく、ということを当たり前のようにやっている。企業の成長につながるイノベーションを起こすには、失敗しても再挑戦できる風土があることが重要だと考えました。お陰さまでプロジェクト当初は100件だった改善提案が、4年目を迎えた今秋に募集した際には約1000件も上がってきました。自律的に自己革新を遂げる組織づくりの第一歩を、ようやく踏み出すことができたと感じています。プロジェクトを岸さんと私の2人の間だけのものとせず、岸さんと現場社員が直接関わり合って進めていく体制にしたことも、改革の本気度を社員に伝え、モチベーションを高めることにつながったかもしれません。

岸 プロジェクトを通じ、鶴屋さんには毎月のように伺っていますが、久我さんとしっかりお話するのは年にほんの数回。ほとんど、現場社員の皆さんとやり取りするようにしています。経営層とだけでなく、現場とコミュニケーションを増やすことの大切さを感じています。

1／2015年11月にスタートした「鶴屋ラララ大学」。 2／「鶴屋イノベーション・プロジェクト」で最初に実施した全社向けアンケートの報告書。 3・4／アイデアを生む人材を育てるための勉強会「鶴ゼミ」の様子。 5／従業員が鶴屋で購入した思い出の品と、それにまつわる「ものがたり」を展示した「人とモノのものがたり展」。 6／「人とモノのものがたり展」の内容を収録した書籍。

Executive

久我彰登 Akito Kuga

鶴屋百貨店
代表取締役社長

熊本市出身、1955年12月31日生まれ。宮崎大学農学部卒。1978年に鶴屋百貨店入社、1993年経営戦略室人事課課長、2001年取締役、2009年同総合企画部主管兼業務部主管を経て、2011年社長に就任。熊本商工会議所副会頭も務める。

Creator

岸 勇希 Yuki Kishi

電通 CDC （当時）
エグゼクティブ・クリエーティブ・ディレクター

2004年電通に入社。2008年に執筆した『コミュニケーションをデザインするための本』で、コミュニケーション・デザインという概念を広告業界に提唱。2011年に電通史上最年少でクリエーティブ・ディレクター、2014年にエグゼクティブ・クリエーティブ・ディレクターに就任。広告コミュニケーションに限らず、商品開発やビジネス・デザイン、テレビ番組の企画・制作、作詞、空間デザインに至るまで、幅広い領域で活躍。

——11月にスタートした「鶴屋ラララ大学」とは？

岸 鶴屋の従業員は日々の業務で、担当している商品や分野について専門知識を深めていきます。気がつくと、その商品のことが好きになっていて、好きだからこそ、より詳しくなっていくわけです。僕も現場の方と話すたびに、その博識に感心させられます。でも、こうした知識は残念ながら売場で話すと、セールストークとも受け取られてしまいます。お客さまにとって役に立つ情報であるにも関わらず、です。もったいないわけです。だったらいっそ売り場ではなく、講義としてお客さまに届けてはどうだろう。そんな発想から生まれたのが「鶴屋ラララ大学」です。従業員が先生。お客さまが生徒の大学です。クリックひとつでものが買える時代、「何を買うか」よりも「誰から買うのか」が大切になります。鶴屋という百貨店の価値は「人」にあることを、鶴屋ラララ大学を通じて体現しようとしているのです。このプロジェクト、注目すべきは「講師をやりたい」と社員自らが立候補して成立していることです。もちろん教壇に立つまでは猛特訓ですが、そんな講義は、お客さまから大好評をいただいています。

久我 「進んで組織の先頭に立とう」という気運は4年前の鶴屋には皆無でしたから、社内のムードが大きく変わってきているのを感じます。失敗を恐れず進んでチャレンジし、もし失敗してもそれを乗り越える。社員にはそういう経験を積んでもらえたらと思います。その積み重ねが新しい鶴屋をつくっていくと思うのです。

岸 「鶴屋ラララ大学」は、4年にわたって組んできた企業風土づくり、すなわち「人」づくりがベースにあるものですから、もし他社が真似しようとしても、一朝一夕にはできないと思っています。

久我 鶴屋が誇るべき文化の一つに、「社員が勤勉である、非常によく働く」ということがあります。社員が日々まっすぐに業務に臨むことこそが、ブランディングにつながっているのだとも思います。

岸 プロジェクト全体を通して、私が外部から何か新しいものを"提供している"という感覚はほとんどありません。鶴屋に本来眠っていた価値や魅力を、掘り起こしている、呼び起こしている感覚が一番しっくりきます。働く人も、扱う商品も大きく変わっていませんが、関わった当初とは明らかに"違う会社"になっている。「熊本の一番店」に向け、着実に歩を進めています。僕が介入せず、完全に"自前"で自己革新を遂げられる企業となる日は、決して遠くないと思っています。

規模の大きな会社では
ないからこそ、
実現できる価値もある。

潜入！
経営者×
クリエイター
の
The idea conference
Executive & Creator
アイデア会議

Executive

鈴木昌義

大和屋守口漬総本家・代表取締役社長

デザインの力で

――お二人が出会ったきっかけは。

鈴木 パッケージデザインをお願いするデザイナーさんを探していて、名古屋にある「国際デザインセンター」に良いデザイナーがいないか、相談したんです。

平井 僕が同じ名古屋にある、老舗の青柳総本家さんのパッケージリニューアルを手掛けていたこともあって、声をかけていただきました。

鈴木 大和屋守口漬総本家は、かつての大家族中心の世帯スタイルに対応した、樽に入った大容量のサイズが中心。核家族化が進んでいる状況に合わせたサイズ、パッケージの開発が必要だと考えていたんです。小分けにした商品も販売していましたが、樽箱を購入されていたお客さまが流れているだけで、新しいお客さまの獲得には至っていないことが課題でした。

デザインは表面的なものだけではない。売り方自体をデザインしたい。

Creator

平井秀和

ピースグラフィックス・代表

アイデアが急激に具体化する。

平井 結果的にパッケージのリニューアルではなく、1年ほどの期間を経て新商品「守口漬　生ふりかけ」が発売されることになりました。

鈴木 守口漬を細かく刻んだだけなので、ある意味では商品自体は同じです。ただ、これまで漬物として売っていた守口漬をふりかけとして売りだすには決断が必要でしたね。細かく刻んだことで従来の商品よりも癖がなく、食べやすくなっている。守口漬の"入門編"として手に取っていただく方が増えれば良いのではないかなと考えるようになり、発売を決めました。実際、お土産品として購入される方が増えました。

見た目の新しさだけでは
初速はつくれても続かない

平井 僕は長く名古屋に住んでいるので、大和屋守口漬総本家さんの存在感は十分理解していました。路面店も名古屋で随一の繁華街にありますし。ただ、最近手に取る機会が減っているとは思っていました。昔の人は三世代で住んでいたのでよく食べていましたが、最近は美味しいのはわかっているのに、食べるチャンスを失っていた。最初は、酒粕の香りが若い人にとってネックになっているのではと思い、「守口漬ライト」をつくったらどうでしょう？と話したのですが…、それはさすがに皆さんにスルーされてしまいました（笑）。

鈴木 ライトという話はありましたね。

平井 パッケージのデザインを変えただけでは瞬間的には売れても、すぐに失速してしまいます。ですから、デザインリニューアル以外のアイデアが必要だと考えてのことでした。

鈴木 デザインだけ、食材だけの新しさで

1

は瞬間的には受けても、長続きはしない。当社で言えば、長年の歴史の中で練磨し続けてきた技術がすべての基本。この根本は守りつつ、そこに時代に合わせた新しい食提案を加えていくことが理想です。実は、ふりかけというアイデアは、以前からあったんですよ。でも本当にこれを売り出していいものか…という葛藤があって。従来のお客さまの期待を裏切ることになってはいけないという不安がありました。

**コアな層から支持される
目指すレベルは常に100％**

──お客さま視点を持ち続けてきたことが、長く愛されてきた理由でしょうか。

鈴木 お客さま視点と言えば、そうですが。確かにすべてのお客さまに満足をしてもらうことは大切ですが、マス受けを狙うのではなく、常に本当に、食にこだわるコアなお客さまを満足させられる商品をつくりたいと考えているところがあります。

平井 一般の人たちが、美味しいと思うレベルが70％だったとしても、常に100％のレベルを目指していくということではないかと思います。

鈴木 決して、コアなお客さま以外をないがしろにしているというわけではありません。そこまで品質にこだわりを持たなければ、いずれ一般の方々も離れていってしまうのではないかと考えているんです。

平井 大和屋さんが、規模の大きな会社ではないからこそ実現できている価値でもあると思います。規模が大きくなれば、販路が広がって、量を売らなくてはいけなくなる。そうすると、つくり方自体が、たくさん量を売るつくり方になっていきますから。

鈴木 そうですね。私は一つ、核となる商品があるブランドで、展開する事業の規模は100億円規模が、ちょうどよいサイズではないかと考えています。この規模がすべてに目が届き、また社員も自分たちの商品に責任をもってお勧めができるからです。大和屋の漬ける技術を生かし、魚介の味醂粕漬を提供する「鈴波」というブランドもありますが、大和屋や鈴波の規模をさらに拡大することを目指すより、新しい事業は鈴波のように違うブランドで展開していく方向で考えています。

売り方自体をデザインしたい

──普段、平井さんが参加しての会議はどのように進むのですか。

鈴木 まずは我々が今、試作している商品

2

Executive

鈴木昌義 *Masayoshi Suzuki*

大和屋守口漬総本家
代表取締役社長

すずき・まさよし　1992年、富士銀行入社。95年、大和屋守口漬総本家入社。取締役部長、常務取締役、専務取締役を経て、2008年代表取締役社長に就任、現在に至る。英国エディンバラ大学大学院卒業。

Creator

平井秀和 *Hidekazu Hirai*

ピースグラフィックス代表
アートディレクター／グラフィックデザイナー

ひらい・ひでかず　名古屋市生まれ。大和屋守口漬総本家、青柳総本家など地元企業のパッケージをはじめ書籍、広告まで幅広く活動。大和屋守口漬総本家の「香よ味」で日本パッケージ大賞金賞を受賞。PentAward銀賞、D&AD Wood pencil賞（銅賞）、One Show Merit、アジアデザイン賞銀賞、DM大賞銀賞など。

1・2・3／平井さんが最初に関わった、大和屋守口漬総本家の仕事。「守口漬 生ふりかけ」。守口漬を細かく刻み、ご飯にかけて食べることで、酒粕の香りがマイルドになり、食べやすくなっている。駅売店などを主な販路に、土産品として人気に。 4／名古屋の栄エリアにある大和屋守口漬総本家の路面店。名古屋随一の繁華街で存在感を放つ。 5・6／「香よ味」「いろどり」など、常に新しい商品にも挑戦している。 7／老舗ブランド、大和屋守口漬総本家のメイン商品。樽詰めは贈答用として地元、愛知を中心に根強い人気を誇る。

を食べてもらいます。私たちがどんな商品をつくり、売りたいと思っているのかを理解してもらうと、思いが伝わりやすくなるので。

平井　実際に食べてみると、商品の良いところも悪いところも見えてくる。それが分かると、ちょっとした言葉の出し方も変わってきます。デザインとは表面的なものだけでなく、売り方のデザインも含めた提案が必要だと考えているからです。

鈴木　平井さんは、そもそも食に関心があって、食べることが好きなので、当社の仕事には合っていると思います。

平井　確かに。それはありますね。

――鈴木さんからの相談は、どんな形で聞かれるのですか。

平井　経営者の方が新しいことを考えられる時って、初めは「ぽわーん」としたアイデアから生まれるんです。それをデザインのような見える形にすると、急にアイデアが具体化して武器を持つというか。急激なスピードでプロジェクトが動き始めますよね。

鈴木　最近は我々が、発酵系の商品を加工して販売しているので「発酵」をテーマにした新しいことをやりたいという話もしていますね。

平井　日本人の食生活が変化し、漬物自体の消費量が減っている。また樽入りの守口漬は歳暮中元など贈答品として愛用されてきましたが、世の中の贈り物のスタイルも変わってきている。この中で、大和屋の技術や商品という資産は変えずに、生かしながら新しい挑戦ができるといいですね。何かが見えているわけではないので、手探りしながら、やっていく感じになると思いますが。

鈴木　よく、企業が中長期の事業計画を発表しますが、中小規模の企業が見えているのは3年先くらいまでと思います。大和屋ではない新しいブランドを始めようと言いだしても、具体的に内装などのデザイナーに相談を始めるのは1年くらい経ってから。そこから商品の試作ができてきて、実際に店舗の図面を描き始めるのは3年目くらいになって。中小規模の企業の場合は、それくらいのスピードだと思います。本当は、締め切りのない仕事はよくないのだけれど、逆に「えい、やっ！」で進める仕事の仕方も合っていないように思います。時間をかけながら、出てきた問題点に向き合って、コアとなるお客さまに満足できる品質の商品を世に送り出していく。ただ、どんなに美味しい商品であっても見せ方が悪ければ、お客さまに手に取っていただけない。その点で、デザインの力に期待する価値も大きいですね。

BRAIN SPECIAL EDITION | 119

北海道

Design Thinking for Management

地域老舗企業発「デザイン思考」経営

北海道の自然が生んだ商品を長く愛されるブランドへと育てる

地域に根差す企業とクリエイターがパートナーとなり、新しい価値を生み出した事例を、手掛けたクリエイターが自ら解説。エリア別にご紹介します。

#1 商品力とデザイン力 その両立が地元の人々の誇りに
—— 洋菓子きのとや　ブランディング

札幌の洋菓子ブランド「きのとや」は、2013年に30周年を迎えた、とても若い企業です。デコレーションケーキを主力商品に、地元に愛されて成長してきました。そんなきのとやが30周年を迎えるにあたり、ロゴからパッケージ、店舗サイン、制服、細かなツールに至るまで、全てを一新。これを僕が一手にお引き受けしました。

次の30年に向けて、あらゆるデザインを一人のデザイナーの手によって刷新することで、ブランド全体の統一感を出したい——そんなオリエンをいただき、私はまず、ロゴマークに全てを集約することで、一貫したコミュニケーションを行っていくことを考えました。きのとやの「きのと」とは、甲・乙・丙の乙、つまり数字で言う2にあたります。それは常に甲（1）を目指す努力を表し、現状に満足しない探求の心・チャレンジ精神を持ち続けるという意味があります。きのとやの探求の心・チャレンジ精神とは「おいしいお菓子をつくり、提供し続けること」。これは経営理念にも合致します。新たなロゴマークは、まさに「おいしいお菓子をつくり続ける」というコンセプトのもとに制作されました。きのとやの頭文字であるK。中心をつながないことで、「現状に満足せず、おいしいお菓子をつくり続ける」という意志を表現しています。生地やクリームのフォルムを抽出し、美しさと力強さが同居するようなデザインに仕上げました。お客様がこのKを見ただけで、きのとやをイメージする、そんなマークに育てていきたいと考え、包材や店舗サイン等に至るまで、このマークを軸にして一貫したコミュニケーションを行っています。

商品力とデザイン力を両立させたい

私が仕事において大事にしているのは、商品の企画から関われる関係を築くことです。そうすることで、アウトプットしたものが世の中に理解・共感され浸透していくと考えています。そして、これは私自身の目標でもありますが、「デザインは良くないが売れている」ではなく、商品そのものの質とデザインを両立することで、本当の意味で地域に愛される、地域が誇りを持てるものになると考えています。

地域には、例えば食であれば「ソウルフード」など、その地域に密着したモノ・コトが必ずありますが、意外とこういうものに良いデザインが伴っていないことが多い。存在があまりに当たり前すぎて、冷静な目線でそのものの魅力を見直す機会がないからだと思います。こうしたものを丁寧にブランディング、デザインしていくことが、地域クリエイティブの底上げになると信じて活動しています。アートディレクションという概念が、企業や商品の価値を研ぎ澄まし、新たな気づき・効果を得られた時の感動をもっと体現していただきたいですね。

鎌田 順也 *Junya Kamada*

KD　アートディレクター、グラフィックデザイナー。北海道東海大学（現・東海大学）卒業。北海道芸術デザイン専門学校卒業。主な受賞に、JAGDA新人賞2014、JAGDA賞2011、日本パッケージデザイン大賞金賞（11年・15年）・銀賞（11年）・銅賞（13年）、日本タイポグラフィ年鑑ベストワーク賞、中国国際ポスタービエンナーレ銅賞、札幌ADCグランプリ（05年・06年・09年・10年・13年・14年）等多数。東海大学、札幌大谷大学非常勤講師。

CLIENT'S VOICE

長沼昭夫 *Akio Naganuma*
洋菓子きのとや
代表取締役社長（当時）

デザインへのこだわりは、スタッフの意識向上にもつながる

コミュニケーションにおいては、お菓子のおいしさを追求し続ける姿勢を表現し、上質感・高級感を重視しています。質の高いクリエイティブは、製造・販売スタッフの意識を高め、連帯感を生み出せる。また、競合店と差別化し、ブランドイメージを確立し、商品価値を高めるためにも重要です。鎌田さんには、商品の企画段階から参加していただいており、消費者の目線を意識した「売れる商品づくり」のパートナーと考えています。

CREATIVE WORK *in* HOKKAIDO

ロゴマークはテキスタイルとして展開し、包装紙にも活用。「マークのデザイン段階で、展開力をしっかり検証しました。何度も色出しし、上質感にこだわっています」（鎌田さん）。

BRAIN SPECIAL EDITION | 121

Design Thinking for Management

#2 文句なしの商品力を より多くの人に伝える シンプルな言葉を開発
—— 米夢館　コメレンゲ

　北海道網走郡美幌町。オホーツク総合振興局管内にあるこの町に本拠地を置くのが、今年で創業88年を迎えるお米の専門店「米夢館（まいむかん）」です。主食用の米の販売はもちろん、米の魅力をより広く伝えることを目的に、米を使ったお菓子も製造しています。僕は2014年から、同社のタグライン＆ロゴマーク開発と、商品のネーミング、パッケージデザインを手掛けています。

　米夢館との出会いは、北海道庁主催で行われた管内産品の取引商談会・相談会。「札幌や名古屋の物産展に何度も出店しているが、地元も含めて、もっと着実に売上を伸ばしたい」——同社はそんな課題を抱えていました。僕はまず、米夢館の商品に惚れ込んだ。「マカロン」という名前の、ポン菓子をメレンゲで包み込んだお菓子が、おいしくて、斬新で。相談会の場では、一般的なマカロンと混同されるのを防ぐために、「マカロン」のネーミングを最適化したほうがいいということ、また商品ラベルも、素材の良さやお菓子のおいしさを効果的に伝えられるものに変えたほうがいいとアドバイスをしました。さらに、米夢館自体のロゴなども、和風すぎる世界観から脱却し、ブランド全体として統一感を持たせたほうがいい、という話もしました。

　こういう相談会では、専門家や有識者にあれこれと意見を言われて、誰の意見を信じていいか疑心暗鬼になってしまう参加企業も少なくないとか。無責任に、言いっぱなしではいられなくて、「商品力はあるので、デザインを見直しましょう。今度、提案させてください！」と申し出ました。仮説をまとめて、企画書を手に米夢館さんへ提案に行ったのは、1カ月後のことでした。

　まず考えたのは、ブランド全体を貫くタグライン。「お米のセレクトショップであり、お米のお菓子も加工製造する店」という業態を再確認して、これを分かりやすく表現する言葉を模索しました。「ごはんにしよう。おやつにしよう。」——このタグラインを、ロゴのアイデアとセットで考えました。そして「マカロン」の名前も、「コメレンゲ」というシンプルな造語に刷新しました。

地域にありがちな言葉は"禁句"に

　地域での仕事を通じて、僕が意識しているのは次の3つです。

（1）優先順位をつける：生産者、製造者の皆さんは、こだわりをたくさん持っている。でも手作りのチラシなどを見ると、それを全部言おうとするために混沌としている。「生活者にとって何が響くか取捨選択しましょう」という話を、まず共有します。

（2）「らしさ」をコトバに：地域産品の業界を見渡すと、「こだわり」「安心安全」「地産地消」というワードが本当に多く見られます。僕はこれらをあえて"禁句"にして、それよりも、ブランドの「らしさ」の理由——製法、食材、思いなどを、端的に言語化するよう意識しています。また同様に、「かわいい」「かっこいい」「おいしい」「美しい」といった、人によって捉え方の変わる形容詞にも要注意です。

（3）論よりデザイン：なるべく、初回の打ち合わせからビジュアルを見せます。ビフォーアフターの完成図を、目に見える形で共有することを大切にしているんです。北海道は広くて、遠方だとなかなか直接会って話ができないこともあります。だからこそ、会える時には最大限、実りあるミーティングにすることが大切だと思います。

　地域でクリエイティブが貢献できることは、究極的なことを言えば「まちづくり」だと思います。若者の流出が問題であれば、売れるもの・売れる場を増やして流入を増やし、経済を回し、仕事を増やす。そして若い世代に、地元への誇りや憧れを抱いてもらう。地域に今あるものを活用し、磨き直す。その「磨き」こそが、地域におけるクリエイティブの役割だと考えています。

池端宏介 *Kosuke Ikehata*

インプロバイド　コピーライター、クリエイティブディレクター。1978年北見市生まれ。上智大学外国語学部卒業。日本デザインセンター、エルグなどを経て、現職。コピーライターの職能を活かし、ディレクターとして職域を広げる。ホクレン「よくねたいも」のネーミング、北見市「小麦で、オホーツクる！」、上富良野町「CAMIFLAG」、エゾシカ革活用プロジェクト「ezokka」、中川町「ナカガワのナカガワ」、長沼町の食のブランディングなど担当。SCC（札幌コピーライターズクラブ）最高賞受賞（4回）。最近は6次産業化に関するデザインや商品企画に携わることが多い。

CLIENT'S VOICE

向 真理子 *Mariko Mukai*
米夢館
代表取締役
ごはんソムリエ

創業88年目、ようやくできたグランドデザインに大きな期待

当社の基盤は、地域の皆様に信頼され、存在意義を認めていただけること。企業イメージの構築と情報発信においては、地元のお客様こそ大切にすべきと考えます。今回、池端さんにお任せしたデザインは、「独自性」「古くて新しい米屋」「歴史を礎とした未来の発展」をイメージさせるような表現をという私たちの期待に応えるものでした。米夢館のグランドデザインを描き、その実現のために共に歩んでくれるパートナーとして信頼しています。

CREATIVE WORK in HOKKAIDO

「マカロン」から「コメレンゲ」へ。商品の特徴をより端的に伝える名前に変更した。パッケージは、どの面でも訴求できるよう立方体にした。Staff ○企画制作：インプロバイド ○CD＋C：池端宏介 ○D：石塚雄一郎

北陸 ② 地域老舗企業発「デザイン思考」経営

Design Thinking for Management

地域に息づく商品・サービスの価値をデザインの力で全国・海外へ発信

#1 店舗名の刷新と自社ブランド立ち上げ デザインの力で転機をチャンスに
——ワシントン靴店

1938年創業、富山県に本社を置く、北陸最大の靴販売店であるワシントン靴店。現在は、富山・石川・福井・新潟・長野の北信越エリアに35店舗のチェーンを展開しており、これまでに累計1億足もの靴を販売してきました。「お客さまのTPOに合わせた靴選びの楽しさ」を広め、日本の靴文化をより高めるとともに、消費者の求めるものを提供することを目指す同社は、2014年6月、「ワシントン靴店」と「靴のベル」と2つあった店舗名を「Parade（パレード）」に統一。これを機に、仕入れ・販売のみだった事業体制を転換し、自社ブランド商品の開発・販売も開始しました。私は新しい店舗・商品のためのVIの策定と、VIおよびブランド名変更の周知プロモーションをお手伝いしています。

パレードというネーミングは、同社内ですでに決定していました。3代目の北川裕久社長がこの名前に込めた思いを、目に見える形にするため、直接社長にお話を伺い、議論を重ねました。同社はシングルブランド戦略をとっており、店舗と製品との相乗効果をいかに高めるかを重視していました。パレードという名前は、店舗のロゴタイプとして使うだけでなく、自社ブランド商品のブランド名にもなるということだったので、どちらに使っても違和感のないものを心がけています。また、パレードがどんなお店であるか、お客さまにいち早く認知してもらうために、ロゴとコーポレートカラーが合わせて認知されるようなデザインを重視しています。

VI・ブランド名変更の周知プロモーションは、地元のクリエイティブチームと実施しました。例えば、ロゴタイプの決定に際しては社員の方々にも意見を聞いたり、投票してもらうことで、新ブランドへの参加意識・帰属意識を高めるためのインナープロモーションとしても機能しました。

クライアントの言いたいこと・見せたいものと、生活者が知りたいこと・見たいものは、必ずしもイコールではありません。それでも、わずかに重なる部分は必ずある。その部分を見つけ出すのが、私の仕事だと思っています。できる限りお茶の間目線、生活者の立場に立ち、経営者の方々とお話するようにしています。

地域のクリエイティブは、実は東京よりもスピード感があります。経営者との距離が近いぶん、企画提案から決定、実施までの道のりに障害が少ない気がしており、そのスピードの速さは、経営者にとっても有益なことだと思います。また制作費が少ないからこそ、タレントに頼らずに、アイデアだけで勝負できる可能性を秘めています。地域の人間同士にしか分かり合えない、ネイティブなニュアンスも共有し合えるのではないでしょうか。第2のユニクロのような、地域発世界企業のお手伝いができればと考えています。

大久保 浩秀 *Hirohide Okubo*

クリエイティブディレクター／CMプランナー／コピーライター。主な仕事に、北陸電力、JR西日本、加賀温泉郷協議会「レディー・カガ」など。OCC準クラブ賞、OCC新人賞、CCN賞、CCN審査員特別賞、FCC賞、HCC特別賞、HCC賞グランプリなど受賞多数。

CLIENT'S VOICE

北川 裕久 *Hirohisa Kitagawa*
ワシントン靴店 代表取締役社長

ファッション企業として、お客さまの期待感を高めたい

「地域に根差す＝田舎くさい」にはしたくない。地域に根差す企業だからこそ、我々がファッション企業として挑戦し続ける姿を、地域のお客さまに伝えたいと考えています。

「当店に行けば、おしゃれな商品が揃っている」という期待感をクリエイティブの力で高めることは、来店動機につながると考えています。

大久保さんは、我々の要望にぴったりフィットする最強チームをつくって、プロジェクトに臨んでくださいました。

CREATIVE WORK in HOKURIKU

店舗名と自社ブランド名が同じ「Parade」。ロゴタイプは、どちらに使っても違和感のないデザインを心がけた。

Management with Design Thinking

#2 日本の美意識で素材や色に加え「開ける」行為もデザイン

—— 薄氷本舗 五郎丸屋「T五」

　童話に出てきそうな、深い森や、いくつもの浅い滝が点在する富山県石動に五郎丸屋はあります。260年以上前から商いを営む、富山でいちばん歴史のある和菓子屋さんです。私は2013年、同社の新商品「T五（ティーゴ）」のパッケージデザインを手がけました。

　「T五」は、260年前からある「薄氷」という由緒ある干菓子をベースにしたお菓子。「薄氷」は、昔からお茶の世界で愛されていたと同時に、数々の文化人の著作にも登場するような存在で、私自身も大ファンだった商品です。「薄氷」よりもっと気軽に、お茶を習っていない若い方にも楽しんでいただきたい——「T五」は、そんな思いから、現在の16代目が考案しました。シンプルで、日の丸のように、まんまるな形。私は、菓子の開発段階から関わらせていただいています。風味や形、ネーミングの考案から一緒に進めましたが、菓子に関しては素人の私が要望を伝えすぎず、基本的に先方の意見を尊重することが大切だと思いました。商品名を考案したのも16代目。「テイストとトーンが5つある」という意味を持たせると同時に、TOYAMAの頭文字であり、五郎丸屋の頭文字でもあります。

　デザインを考える際には、「薄氷」の歴史と品質を強く意識するとともに、日本ならではの美意識を表現したいと考えました。この新商品開発はもともと、県の観光振興事業の一環で、「富山の手土産をつくろう」と企画されたもの。しかし私には、"富山県の"でなく、"日本の"お土産にしたいという思いがありました。商品の存在感を高める上で必要なのは、簡素ながら豊かさのある、日本ならではの美意識に他ならないと考えたのです。

　例えば、包装を開けるのにちょっとした手間がかかり、その時間に豊かさを感じられること。潔く捨ててしまえること。できるだけ天然の素材を使用することなどです。非常に薄い簡素な用紙に、菓子をイメージした5色の特色を印刷。素材にかける費用は最低限に抑える一方で、色の再現にはプリンティングディレクターの力を借りるなどして、こだわりました。包装には、昔ながらの「たとう包み」を採用。割れを防ぐために考案された、お菓子を布団の綿で挟むという、「薄氷」で使われている手法を引き継いでいます。そのほか、統一されていなかったお店のロゴをブラッシュアップしていくなどの作業を行いました。

精神的な豊かさにつながるデザイン

　パッケージに関しては一任いただきましたが、ひとつだけいただいた要望は、「店頭で華やかな存在感を出したい」ということ。16代目と一緒にお店を切り盛りされている、ご家族の方からのご意見でした。これに対しては、お菓子の色を外包みにそのまま定着させるという方法で解決しました。いつしか聞いた、「丸い形状のお菓子は四角の菓子器に載せると映える」ということを思い出し、菓子の曲線とは対照的に、包装では直線での潔い展開を意識しています。

　長く地元に根差した企業や、魅力あるものづくりをしているメーカーなどで、まだデザインを取り入れていないところがあるのは、地域ならではの特徴だと思います。高い品質の商品や技術を持った企業とともに新しい可能性を探るのはとても楽しく、やりがいがあります。

　個人的には、美しさのあるグラフィックの仕事を残すことを目指しています。消費者や社会に、精神的な豊かさをもたらすことができたり、文化の発信になっていくような仕事に関わるために、普段の暮らしの中で、自分が良いと思えることは何かを意識し、そして積極的にそれらに触れること、取り入れることが大切なのではないかと、今は思っています。

宮田裕美詠 *Yumiyo Miyata*

STRIDE主宰。グラフィックディレクター。富山県生まれ＆在住。2013年JAGDA新人賞受賞。「TAKEO PAPER SHOW 2014『SUBTLE』」（主催：竹尾／企画：原研哉）、「8人の女たち」（企画：クリエイションギャラリーG8）、「NIPPONの47人 2015 GRAPHIC DESIGN」（企画：ナガオカケンメイ、D&DEPARTMENT PROJECT）、「エアラス・性能と品質」のグラフィックトライアル（主催：特種東海製紙／企画：廣村正彰）などの企画展に参加。http://stride.me/

CLIENT VOICE

渡邉克明 *Katsuaki Watanabe*
薄氷本舗 五郎丸屋
代表取締役

ものづくりとデザイン、その両輪で世代の垣根を飛び越えたい

当社は、「伝統技法と革新が融合されたデザイン性の高い和菓子」「世代や国を越える独自性のある和菓子」「100年、200年愛される和菓子」の創造を目指しており、ブランディングにおいても、このビジョンを大変重視しています。世代の垣根を飛び越えるのが、デザインの力。切り口を変えれば、もののイメージは変わる。クリエイティブに力を入れることで、地域や、そこに根差す企業のイメージアップにつながり、可能性が広がるのを実感しています。

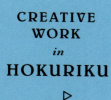

CREATIVE WORK *in* HOKURIKU

箱の中にはリーフレットを同封。表紙には8種類で、お店の周辺で撮影した写真を使っている。菓子づくりの背景にあるものを感じてもらおうと、中面には16代目をモデルにした物語が綴られている。桜（塩味）、抹茶（苦味）、ゆず（酸味）、胡麻（滋味）、和三盆（甘味）——和の天然素材でつくった五味五色の干菓子。

BRAIN SPECIAL EDITION | 127

Management with Design Thinking

#3 海外にも通用する金箔メーカー発のブランドをつくる伝統とデザインの力
—— 箔一「LUNAU」

日本の金箔生産量の98％以上を占める金沢。1975年に、この地で創業した金箔メーカーの箔一は、金沢箔工芸品の製造からスタートし、時代の変化に合わせて、金箔を軸に幅広い分野へと事業を拡大してきました。箔材料、食用金箔、建築装飾、そして化粧品。私は、2006年から強化が進められてきた同社の化粧品事業において、高級スキンケアブランド「LUNAU（ルナウ）」の立ち上げに携わりました。

箔一の化粧品事業は、創業翌年に同社が日本で初めて開発した、金箔打紙製法による「あぶらとり紙」に端を発します。しばらくはOEM製品を中心に、あぶらとり紙の生産を続けていましたが、創業者で現会長の浅野邦子氏が、「女性の『美』をトータルでサポートしたい」「金沢発の化粧をつくりたい」と思い立ち、それまではあまり力を入れてこなかった自社ブランド商品の生産に着手。自然派化粧品ブランド「金華コスメティック」を発売しました。

さらに、今後、化粧品事業を拡大していく上で、箔一の化粧品が目指すべき方向性を再検討した結果、"ご当地コスメ"の域を超えた、明確なストーリーに基づくブランドをつくる必要性を感じたそうです。そうして、まずは「金華コスメティック」のリニューアルをしたいとのことで、化粧品のデザインの実績がある当社に声をかけていただきました。

脱・純和風の世界観

しかし打ち合わせを進めていく中で、金箔を使った化粧品が他にもある状況下では、徹底的に差別化されたブランドが必要という結論に至り、高級ラインを先に立ち上げることになりました。そうして生まれたのが「LUNAU」。世界の美容家たちが着目する美容保湿成分・金をはじめ、先端成分を配合した高級スキンケアブランドです。当社では、ネーミング、VI、パッケージをトータルで手がけました。

同ブランド最大の特徴は、海外、特にアジア圏への展開を前提としていたこと。海外に通用するブランドイメージを訴求する必要がありました。日本では化粧品というと、白を基調とした清潔感のあるデザインが主流ですが、海外では黒などの濃い色を基調としたムーディーで艶っぽい雰囲気のものも多い。いわゆる"純和風"の世界観は避けたいというクライアントからの要望もあり、オリエンタルな雰囲気をベースに置くことにしました。

ブランド名の「LUNAU」は、LUNA（ラテン語で「月」）とAU（金の元素記号）を組み合わせた造語で、海外の方にとっての語感の良さ、理解しやすさにも配慮しています。ロゴは、伝統工芸に携わる企業としてのアイデンティティを込めようと、金沢の歴史や日本の伝統紋様などを研究した上で、月や万華鏡をモチーフに構成しました。ネーミングとロゴ、双方において上品な月と金のイメージを重ね合わせることで、控えめでありながら内面から溢れ出す、日本の女性の「美」を表現しています。

金箔メーカーならではの表現

金箔メーカーならではのこだわりは、特に容器のデザインで表れています。化粧水や美容液は普通、無色透明の液体ですが、LUNAUの商品には金箔が浮かんでいる。それを最大限に生かせる容器を考える必要がありました。そこで、漆塗の伝統的な技法「白檀塗（びゃくだんぬり）」をヒントに、中に入った金箔の輝きが見やすい透明なボトルをデザインしました。

メインビジュアルは、容器の下から光を当てて撮影することで、金箔が最も美しく見える瞬間を捉えています。「金箔は、浮遊している状態で光が当たったときに最も美しい」というのは、金箔メーカーならではの視点。箔一のメイン商材である金箔の価値をいかに伝えるかを、最重要視しました。

本田孝夫 *Takao Honda*
デザインオフィス・ティー 代表

牛山淑子 *Yoshiko Ushiyama*
デザインオフィス・ティー アートディレクター
URL:http://www.d-tee.co.jp/

CLIENT VOICE

浅野達也
Tatsuya Asano
箔一 代表取締役社長

新たな挑戦を世の中に発信するには、クリエイティブの力が不可欠

伝統を継承するだけでなく、現代のライフスタイルに合わせて新たな挑戦を続け、それを世の中に向けて発信していくことを、全社的に重視しています。

クリエイティブには、商品の背景にあるコンセプトをターゲットに向けて分かりやすく伝える力がある。クリエイティブに適切な投資をすることが、愛されるブランドづくりや、事業の成長につながることを、LUNAUをモデルケースに、全社に向けて伝えていけたらとも考えています。

浮遊する金箔を美しく見せるため、メインビジュアルは、容器の下から光を当てた状態で撮影した。

Design Thinking for Management

③ 甲信越

地域老舗企業発
「デザイン思考」経営

地力に育まれた食の宝庫から価値ある商品をデザイン力で発信

#1 小売りをしない ご当地日本酒を 新潟観光の呼び水に
——今代司酒造「新潟清酒おむすび」

新潟県新潟市は、生産地・加工地・消費地がギュッと近くに寄り添う食文化創造都市。同市の米農家・酒蔵・飲食店が手を「むすび」、米づくりから酒の仕込み、提供までを共に考え、呑んでいただく皆さまをも「むすぶ」お酒にしよう——「新潟清酒おむすび」は、そんな想いから誕生しました。

始まりは、今代司酒造の田中洋介社長と私の共通の知人から、「知り合いの酒蔵が日本酒のデザインができるデザイナーを探している。一度話を聞いてみてもらえませんか」と紹介を受けたこと。ずっと日本酒の仕事をしてみたかったので、嬉しかったのを覚えています。

「人と人をむすぶ酒」をコンセプトとするこの日本酒は、新潟市内の飲食店でしか呑むことができません。それも、どんな飲食店でも扱っているというわけではなく、田植えや稲刈り、酒の仕込みに参加してくださったお店（2014年度は約19店舗）のみの限定流通です。「地方創生」なんていう大それたものではありませんが、少しでも多くの人に新潟市へ足を運んでもらうきっかけになればいいなと思っています。2015年12月には参加いただく酒蔵が1社増え、2タイプの「おむすび」を楽しんでいただけるようになりました。

オリエンを受けたとき、「小売りをしない」ことは、日本酒として今までにない新しい取り組みだと思いました。そこでパッケージデザインは、酒屋などの店頭で並ぶことを考慮した分かりやすい視覚伝達ではなく、商品名をあえてラベル正面に入れないことに。そして参加する酒蔵が今後も増えていくことを想定し、いち酒蔵のアイデンティティを表現するのではなく、日本酒の持つ伝統的イメージを変えるような斬新な表現にしようと思いました。胴ラベルは、「おむすび」のごはんとのりをエレメントに表現。封シールにある記号のようなものは、太陽・山・大地の恵（水）・しぼり・酒・唇・猪口を表しているのですが、実はOMUSUBIという文字にもなっているんです。読めるか読めないか、ギリギリのところに定着させました。デザインを思い切りソリッドな方向へ振ることで、一度見たら忘れない強いコミュニケートができると考えました。

ブランディングデザインの仕事においては、商品自体、プロダクトデザインや食品の味などの開発に参加させていただくことも多いです。いま、地方を活性化させるためには、クリエイションの力が欠かせません。アートディレクター、グラフィックデザイナーのスキルを生かせる領域は年々広がっているとも思います。だからこそ、質の高いクリエイションを世に出せる人材が求められています。デザイン開発においては、さまざまな方向性の検証、細かいディティールの検証を徹底的に行っています。

地域でクリエイションに取り組むことのやりがいは、企業トップと直接対話をしながらブランドをつくり上げることができること。これに尽きるのではないでしょうか。

白井 剛暁 *Takeaki Shirai*

アートディレクター、ブランドプロデュースデザイナー。デザインデザイン代表。1975年新潟県三条市生まれ。新潟ADCグランプリ（2015・2014・2008年）など受賞多数。日本グラフィックデザイナー協会会員、新潟アートディレクターズクラブ会員。

CLIENT'S VOICE

田中 洋介 *Yosuke Tanaka*
今代司酒造
代表取締役社長

地酒を堅苦しいイメージから身近な存在に

ブランディングにおいては、「今代司」という銘柄を擬人化し、性格や見た目を想定しています。制作物やメッセージは、今代司らしい顔をし、今代司らしい言葉を発しているか。そのことに注意しています。伝統産業は、敷居が高く小難しい印象を与えがちですが、地酒は地域資源抜きには語れない身近な存在。「酒は地域を表す」という自負を持ってその「顔」を丁寧にお伝えする上では、物事を捉えやすくする力のあるクリエイティブが欠かせません。

CREATIVE WORK *in* KOSHINETSU

封シールにある記号は、太陽・山・大地の恵（水）・しぼり・酒・唇・猪口を表していて、OMUSUBI という文字にもなっている。

Management with Design Thinking

#2 デザインの力で長野のご当地米の存在感を高める
——「風さやか幸村」

「風さやか」は、2013年に生まれた長野県上田市産のブランド米。地力に恵まれ、生産量が多く品質も高い、日本有数の米どころである長野県ですが、ほかにも多くの特産品で知られていることや、稲作を行っているのが一部地域に限られること、独自の銘柄が育ってこなかったことなど、いくつかの要因から「長野県＝お米」というイメージは皆無。新米の収穫時期が10月と他の産地に比べて遅いため、関東地方の市場に入り込めないという課題もあり、これまで大半が長野県内で消費されてきました。

そこで、長野の独自銘柄として開発されたのが「風さやか」。これまでは県内で試験的に流通させていましたが、いよいよ2015年から、本格的に県外への販売を開始することになりました。確かな品質を持つ「風さやか」を消費地に届けたい。これまでにない新しい見せ方で、多くの人が手に取るブランドにしたい——個人で全国各地の米農家と直接取引きをし、産地と消費地を結ぶ取り組みをしている小野瀬多幸さんのそんな熱い思いから、「風さやか」のブランディングプロジェクトが始まりました。

米業界にデザインの力を

小野瀬さんからのオリエンは、翌年の年明けにスタートするNHK大河ドラマ「真田丸」の題材でもある、上田市ゆかりの戦国武将・真田幸村と結びつけて発信できないかというもの。そのアイデアをデザインで具現化し、「風さやか幸村」として風さやかをブランディングすることが、今回のプロジェクトのミッションでした。

パッケージでは、お米自体の特徴や長野県の自然の素晴らしさを訴求するというよりは、六文銭や結び雁金（かりがね）、赤備えといった真田幸村を連想させる要素を全面に押し出したオリジナルデザインを制作しました。最近ではデザイン性の高い包装のブランド米がいくつか登場していますが、業界全体で言えば、パッケージデザインに対する意識はまだまだ低いのが現状。規格品をベースとした、無難なデザインを採用するのが一般的です。ただ、「風さやか」は知名度の低いブランドですから、まずは売り場で目立ち、消費者に手に取ってもらえなければ始まらない。赤備えをイメージした赤色を前面にひくという斬新なデザインを採用しました。"いかにも戦国"のようなコッテリした和風の表現は避け、また近年巷でもてはやされている「地域のデザイン＝『手づくり感』『アナログ感』」というイメージとは一線を画す、ワンランク上の洗練されたデザインをめざしました。表現面では上質さを重視しながらも、消費者が手に取りやすいブランドにするため、流通コストとのバランスを考慮して包装資材を選定しています。

また米袋の印刷においては、オリジナルデザインを制作しても、米流通業社に正当なデザイン料を請求しづらいのが大きな課題でした。そんな条件下でも、今回の新しい試みに共に挑戦してくれるパートナーとして、米袋制作には包装資材会社の昭栄が携わりました。

手に取りやすいブランドを目指すという点では、もう一つ、サイズにも工夫をしています。現在、小売店頭で販売されている米は2キロ・5キロ・10キロが一般的ですが、単身世帯が増加する中、より小分量の米が求められています。そこで、「風さやか」は3キロを採用。分量を減らすことで、売り場に並んだときの価格感を抑えることができますし、純粋に目を引きます。

消費地で話題になれば、風さやかは地元でのニーズも見込めるはずです。そして地元で売れれば、消費地においても"ご当地米"としての認知や評価がさらに高まる。そんな良い循環をつくっていけたら、と考えています。

上村俊信 *Toshinobu Uemura*

U-WORX（ユーワークス）アートディレクター、グラフィックデザイナー。プロダクトデザイナーとして関西の無線機メーカーに勤めた後、U-WORX設立。以降、グラフィック、パッケージ、エディトリアルなどのデザインを中心に活動。日本グラフィックデザイナー協会（JAGDA）会員。http://www.u-worx.org

---

CLIENT VOICE

小野瀬多幸 *Kazuyuki Onose*
コメ大王

米袋は、米の魅力を伝える上で重要な顧客接点

米業界は、産地・米卸・米屋・小売・消費者という川上から川下までのプロセスが細かく分断されていて、米の特徴や魅力といった産地の意図が、消費者に伝わりにくいのが課題です。こうした中で、米の個性を伝える顧客接点として、米袋のデザインは非常に重要だと考えています。生産者が自分でつくった米を、自分でプロモーションして、販売できる米業界をつくる——今回のプロジェクトが、その実現の第一歩になればと思っています。

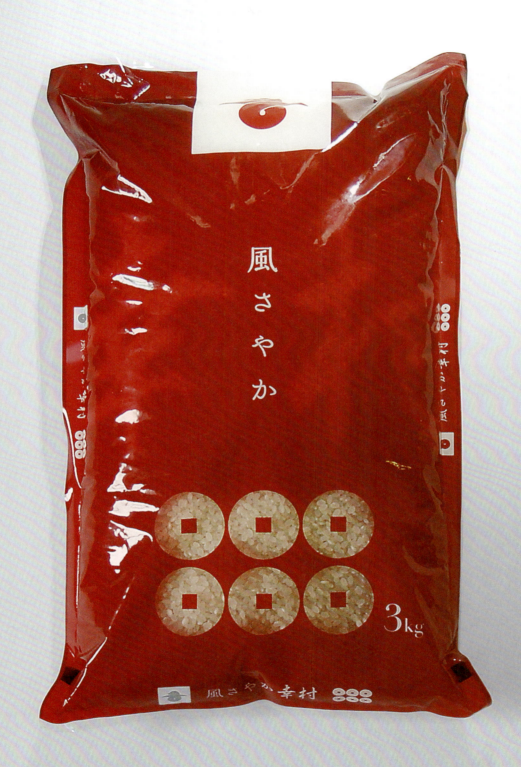

名古屋に根付く価値を
クリエイティブの力で加速させる

Design Thinking for Management

④ 名古屋

地域老舗企業発「デザイン思考」経営

#1 パッケージデザインで"手仕事"にこだわる企業イメージも伝える
——青柳 季節の味くらべ

青柳総本家は明治12年創業、135年続く和菓子メーカーです。名古駅構内や東海道新幹線車内などでのお土産としての販売を通じて、「ういろう」が名古屋名物として親しまれるようになるために貢献した会社です。2008年に初めてお仕事をいただいて以来、商品のパッケージや紙袋など10件ほど同社の仕事を手掛けてきました。

ういろうは棒状のものが主流ですが、お客様からは「切るのがイヤ」「重い」という声があり、さらに夏に売上が減るという問題もありました。そこで生まれた商品シリーズが「季節の味くらべ」。切らずに食べることができる、茶巾しぼりの一口サイズで、春夏秋冬で味が変わる限定商品です。

2011年夏、既存商品のリニューアルで「冷やしういろう」が初登場して以来、毎年季節ごとに販売しています。私は同商品のパッケージデザインを担当しました。オリエンは、「一口サイズの食べやすさに、『冷やして食べる』という新しい価値を加えた商品を作りたい」というもの。通常、ういろうは冷やすと固くなりますが、これは逆に冷やして食べるということが新しい。その特徴を強調するために、外箱はてぬぐいのような涼しげな和柄をモチーフにデザインし、色は青系で統一しました。文字や絵柄はかすれた表現にすることで「老舗」の印象を強めました。茶巾しぼりの包材にはフレーバー名を入れず、色のイメージだけで「黒糖味」と「和三盆味」の2種を判別できるようにしています。食べるときは極力、文字などを見ることなく、味やひんやり感だけに集中してもらいたいと考えたからです。

「和菓子メーカー」ではなく「和菓子屋さん」企業イメージもデザインに織り込む

デザインは"思いつき"で考えるのではなく、その企業の向かっていく方向、5年後・10年後の姿に思いを馳せながら制作しています。例えば青柳総本家の場合は、「メーカー」というよりは、「大きな和菓子屋さん」のようなイメージをパッケージに織り込みたかった。工場見学に行った際、製造工程に手作業の部分が多いことに気付いたのがきっかけです。いまは手作りが好まれる時代なので、パッケージからも"手仕事"の雰囲気を感じてもらえるようにできたらと考えました。広告をあまり打たない企業の場合、企業のブランドイメージをつくり上げるのは商品そのものや店頭。そこでは、パッケージデザインが重要な役割を果たすと考えています。

地元の老舗企業と地元のデザイナーが協業するメリットは、「デザイナー自身が商品について知っていること」だと思っています。クライアントからのオリエンだけでなく、そのブランド・商品を自分事として知っていることで見えてくる長所や問題点があり、だからこそできる提案があると思います。

平井秀和 *Hidekazu Hirai*

ひらい・ひでかず／ピースグラフィックス アートディレクター、グラフィックデザイナー。青柳ういろう、大和屋の守口漬など地元企業のパッケージをはじめ書籍、広告まで幅広く制作中。D&AD in book、The One Show Merit、NY TDC入選、Design for Asia銀賞、香港国際デザイン賞銅賞、日本パッケージデザイン大賞金賞など受賞多数。

CLIENT'S VOICE

後藤知成 *Tomonari Goto*
青柳総本家
常務取締役

お客様を楽しませるために、クリエイティブの力は不可欠

お菓子がお客様を楽しませる要素は「味」だけではありません。

当社が心をこめて作るお菓子を、お客様にさらに楽しく美味しく味わっていただくためには、視覚的要素も重要だと考えています。

またお土産であれば「誰かを思いながら商品を選ぶ楽しさ」「それを渡したときの相手の喜び」「喜んだ相手の顔を見た時の喜び」など、様々な場面の楽しさを倍増するためにもクリエイティブの工夫は大切です。

CREATIVE WORK *in* NAGOYA

青柳総本家

季節の味くらべ

夏

冷やしういろう

黒糖 和三盆

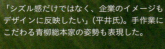

「シズル感だけではなく、企業のイメージもデザインに反映したい」(平井氏)。手作業にこだわる青柳総本家の姿勢も表現した。

BRAIN SPECIAL EDITION | 135

Design Thinking for Management

#2 新技術によって演出 「伝統と革新」を体感できる空間

——ウェスティンナゴヤキャッスル
プロジェクションマッピング

名古屋城を目の前に臨む老舗ホテル、ウェスティンナゴヤキャッスル。私たちアイデアクラウドは、Webサイトやソーシャルメディアを含め、新しい技術を活用した同ホテルのデジタル施策全般をお手伝いしています。代表的な取り組みの一つが、ホテル1階ロビーにある展示スペースの空間演出。「予算（規模）」「費用対効果」「照度」という3つの課題を解決し、従来の大規模な案件とは異なる、施設の設備として成り立つ常設型のプロジェクションマッピングを実現しました。

「新しい層のお客様を、いかにして取り込んでいくか」「たくさんの人が集まるロビーの一角にある空きスペースを有効活用できないか」——こうした課題を解決するため、まず考えたのは、ホテルとここを訪れるお客様との、またお客様同士のコミュニケーションの場を創出しようということです。

そして、その空間において、新しいホテルの価値や心地良さ、楽しみを、どのようにしてお客様に感じていただくか。それを念頭に置いて演出手法の研究・開発を進める中で、新しい技術を活用し、お客様がこれまでに触れたことがない面白い体験をその場所で提供できれば、既存のお客様を中心に話題が起こり、新しいお客様との接点

がつくれるのではないか。また、それ自体を目的にホテルを訪れていただけるようになれば、新しい顧客層が開拓できるのではないか、と考えました。

新しさや美しさだけではない 結果にコミットする意識が重要

いまや全国各地、数多くの場所で実施されているプロジェクションマッピングですが、私はエンターテインメント性の側面に期待しているというより、「いま存在するものを、形を変えずに、新しいものに生まれ変わらせることができる」ということの可能性の大きさを感じています。

単に新しいだけではダメで、老舗ホテルという場所が持つ品格や、ウェスティンナゴヤキャッスルの名にふさわしいクオリティが要求されます。若い世代にも伝統や文化を楽しんで欲しいとの思いを込めて、担当者とは「伝統と革新」というコンセプトを共有し、常にそれをコアに据えた施策を考案しています。通常時は、伝統的な障壁画である「竹林豹虎図」のレプリカに現代アートを思わせる表現を施すことでコンセプトを体現。七夕やハロウィン、クリスマスなど、シーズナルなイベントに合わせたプログラムも展開しています。

見た目の美しさや、お客様に楽しんでいただける演出が重要なのは言うまでもありませんが、同じくらい重きを置いているのが、数字・効果です。世間的にどんなに素晴らしいクリエイティブでも、実ユーザーのニーズや嗜好から乖離していれば効果は

なくなり、数字も伸びません。クライアントのゴールが何かを明確にし、その達成に向けて確かに貢献できるように、ということを意識しています。

人と人とのつながりが 新しい仕事を生み出す

東海地区・名古屋地区での話をすると、よく言われるのが「新規では、なかなか大きな仕事を任せてもらえず、話を聞いてもらうだけで一苦労」ということ。しかし、幸運なことに、私はほとんどのクライアントと"ご紹介"という形で出会い、一度きりのご縁で終わることなく、その後も継続的なお付き合いができています。人と人とがつながって、つながった人がまた別の人につなげて……。人を中心に仕事が形成されていき、強いつながりの中で仕事に取り組めるということが、ここ名古屋ならではの環境であり、それが他にないやりがいにつながっているようにも思えます。

田中義弘 *Yoshihiro Tanaka*

アイデアクラウド代表取締役。イベントプロダクション・グラフィックデザイナーを経て、Web制作会社を設立。Webから得た技術をベースに、プロジェクションマッピング事業をスタート。建築物にこだわらず、「ウェスティンナゴヤキャッスル」、「グランドティアラ」などへの施設常設型のプロジェクションマッピングの提供や、プロジェクションマッピングを利用した企業プレゼンテーションなどを手掛ける。

CLIENT'S VOICE

西脇香織
Kaori Nishiwaki
ウェスティン
ナゴヤキャッスル
総支配人室
販売企画グループ
リーダー

クリエイティブへの注力は、他ホテルとの差別化要素になり得る

お客様の視点に立った継続的なブランディングコミュニケーションにより、満足度・ロイヤリティを高め、リピーターを増やすことを重視しています。

ロビースペースの新しい演出は、お客様に対する「おもてなし」の一つ。最近では「次回はどんなテーマですか？」とお客様から問いかけられることもあります。

ともあります。

毎回楽しみにしてくださる方がいらっしゃることも、この取り組みの成果の一つです。

CREATIVE WORK in NAGOYA

クリスマスシーズン限定のインタラクティブデジタルアート。オペレーター不要の全自動で運用できる。

芸術祭の舞台から生み出される世界に通用する卓越したデザイン

⑤ 四国 — 地域老舗企業発「デザイン思考」経営
Design Thinking for Management

#1 世界を相手に戦える"ジパング"の魅力を増幅するデザイン
——カラーズヴィル「LIGHT GAUZE MUFFLER ZIPANGU COLOR」

愛媛県西条市に拠点を置くカラーズヴィルは、ガーゼマフラーやタオルなどを企画・販売する会社。親会社は、石鎚山系から湧き出る豊かな水を利用した染色業を営んでいます。私がパッケージデザインをお手伝いしたのは「LIGHT GAUZE MUFFLER ZIPANGU COLOR（ライトガーゼマフラー ジパングカラー）」。日本の伝統色である五彩色を使った三重織のガーゼマフラーです。紫外線を約90％カットし、吸水性・速乾性に優れオールシーズン使用できるうえ、家庭での洗濯も可能。同社が長年にわたって培ってきた染色加工技術を生かしてつくった商品です。

クライアントから求められたのは、国内外の観光客に訴求できるパッケージ。また、古代紫、藍色、草色、黄土色、エンジ色というカラーバリエーションを訴求するため、外から商品を見て、触れることができる適度な「穴」をつくる必要がありました。

そこで、メインビジュアルとして日本古来のシンボルである扇子をデザインし、そこに穴を空けました。商品の柄が、扇子の柄として現れるというわけです。メインカラーには、「ジパング」をイメージさせる白・赤・金を使っています。中央付近には、日本の象徴である富士山、五重塔、東京タワーを金箔押しで配置。箱の素材は、ダンボールを合紙することでコストを削減するだけでなく、軽量で運搬にも優れた構造にしています。

ドットやチェックなどの柄を展開する「LIGHT GAUZE MUFFLER」や、「KOBE GAUZE MUFFLER」「GAUZE MUFFLER STANDARD」といった別商品にも同様のデザインを採用しており、国内外のギフト需要に応えています。

良い商品デザインをするうえで重要なのは、まずクライアントとデザイナーとが、お互いの信頼関係を築くことだと思っています。地方では、商品にデザインを施して販売することの効果を認識していない企業も少なくありません。ですから、まずはデザインの効果を理解していただきたいと考えています。

初回のお仕事を受ける際には、商品と、それをつくる企業に対する理解度を深めるため、もちろん現場に伺います。現場で作業中の、クライアントが比較的リラックスした状況でお話を伺う機会を得て、積極的に質問するのです。反対に、デザインへの理解度を深めていただくために、クライアントには、必ず一度はグランドデラックスのオフィスに来てもらうようにお願いしています。

地域ではデザインへの関心が低く、商品自体の質が良くても売れないものがたくさんあります。そんな中でも、クライアントからデザインの依頼があると、とても嬉しく思います。地域のデザイナーに求められるのは、「理屈抜きに良いデザイン」をすること。そういうデザインは人を動かす力があります。

松本幸二 *Koji Matsumoto*
グランドデラックス グラフィックデザイナー／アートディレクター。1977年高知市生まれ。愛媛大学理学部卒業。New York ADC Silver、D&AD Bronze、Pentawards Silver など国内外で受賞。

CLIENT'S VOICE

竹田昌弘 *Masahiro Takeda*
カラーズヴィル 代表取締役

アイデンティティを再構築するクリエイティブの力

クリエイティブの力を借りてアイデンティティを再構築することで、地域企業ならではの魅力を高めることができると考えています。松本さんは愛媛にいながらにして、世界のデザイン領域でも活躍している方。そのクリエイティビティを取り入れることで、当社商品もグローバル市場で戦えるようになると思いました。ローカルでありながら、世界のどこに出しても評価されるクリエイティビティを期待しています。

商品の柄が扇子の柄として現れるデザインで、五彩色のバリエーションを訴求する。

Management with Design Thinking

#2 テナントに依存しない駅ビルの価値を地元の人と共創する
——高松琴平電気鉄道「瓦町FLAG」

　2015年10月に高松市にグランドオープンした「瓦町FLAG」は、地上11階のビルに約80のテナントが入った瓦町駅直結の商業施設です。僕らPARKは、この駅ビルのブランディングをお手伝いすることになりました。このビルには過去に2度、大手百貨店が入っていましたが、いずれも撤退。そこで"三度目の正直"とばかり、同ビルのオーナーである高松琴平電気鉄道（ことでん）さんが、いよいよ自ら運営主体となって、駅ビルを盛り上げていこうというプロジェクトです。

　瓦町は、東京で言えば渋谷のような、かつての若者の青春時代とともにあった街。でも、クルマ社会の浸透も背景に、周辺の商店街が少し元気をなくしてきているのが現状です。ことでんの真鍋康正社長も、「このビルの成功には周辺地域の未来がかかっている」と強くおっしゃっていましたから、ある意味で街の未来も背負って、ビルのあり方について考えなければと思いました。いかに街全体を賑わせていくのか、ビルを訪れた人たちが、どのように街へと出ていくのかを念頭において、ブランディングを考えたいと思ったのです。

　商業施設としてのハードやテナントによってもたらされる価値ももちろんありますが、それとは別の部分で、地元の方々のなかに、新しい駅ビルに対する期待感を醸成したい——そう考え、「かわる、をはこぶ」をコンセプトに据えました。ここに来るたびに、新しい発見がある。地元地域が、人々の暮らしがより良いものに変わり続けていく、先頭に立ってその変化を起こしていく。「旗印」になりたいとの思いから、施設名称に「FLAG（旗）」を冠し、VIも旗をモチーフにしたものに統一しました。赤い旗を3つ並べることで、ずっと動き続けている、変化し続けている様子を表現しています。新しい駅ビルの心意気をストレートに伝えるビジュアルです。

「乗っかりたくなる」プロジェクト

　商業施設のコミュニケーションというと、一方通行のテーマを打ち出し、強制的に「巻き込もう」とするのが一般的だと思います。しかし瓦町FLAGでは、地元の人に面白がってもらい、自ら「巻き込まれたい」「乗っかりたい」と思ってもらいたいと考えました。瓦町FLAGが面白くなることが、自分の日々の暮らしを面白くしていく。そんなふうに関心を持ってもらいたい。開業に向けて行ったキャンペーンは、地元の人に無理なく気軽に参加してもらえるような施策を散りばめました。

　地元の方向けの撮影会を実施、その写真を組み合わせて開業告知ポスターをつくったり、商店街と駅ビルとで連動する広告を掲出したり。また、告知メディアの選択肢としてはテレビ・ラジオもありますが、運営主体が鉄道会社という特性を活かし、電車・駅を有効活用しようと考えました。例えば「走る駅ビルFLAG号」。特別車両と臨時ダイヤを組み、代表的な出店テナントとコラボレーションしたポップアップショップを展開、地元の方に先行体験してもらいました。ことでんらしい、ユニークなコミュニケーションにチャレンジし、その行為自体で注目を集め、地元メディアで紹介されることを狙いました。

　外部の僕らができることは、うんと限られていますから、地元の方が自発的・継続的に動いてくれる状態をデザインしていく必要があると考えています。例えば商店街の方々が「商店街もがんばるけん！」というキャッチフレーズのもと自発的に歓迎キャンペーンを開催してくれたり、さらにはロゴをモチーフに地元のお子さんたちがアニメーション作品をつくってくれたり。「ブランディング」の作法からすると、むやみに自由度を高めるのは"アウト"かもしれませんが、それを許容することで、新たな広がりが次々と生まれていくのを感じています。

PARK パーク

企業理念は『愛はあるか？』。CIやネーミング、理念開発からプロモーションまで、ブランディングを軸に展開するデジタルクリエイティブエージェンシー。2015年1月、「面白法人カヤック」出身の3名により設立。http://parkinc.jp/

CLIENT'S VOICE

真鍋康正
Yasumasa Manabe
高松琴平電気鉄道
代表取締役社長

インフラ×クリエイティブは今がチャンスのとき

鉄道業界はコミュニケーション下手で、クリエイティブとは縁遠い業界。電車や駅という資産があって、日々たくさんのお客さまと接触しているのに、それを生かしきれていません。だからこそ、やればやっただけ反応が得られる、大きなチャンスがあると思います。「プラットフォーム」というと堅いですが、ものを売ること以上に、誰もが参加して何か新しいことを生み出せる場をつくることに、鉄道会社として引き続き挑戦していきます。

地域社会をより良いものへと変えていく「旗印」になりたいとの思いから、施設名称に「FLAG」を冠し、VIも旗をモチーフにしたものに統一（写真上）。開業前に実施した「走る駅ビルFLAG号」は、代表的な出店テナントとコラボレーションしたポップアップショップ（写真下）。

CREATIVE WORK in SHIKOKU

九州

地域老舗企業発「デザイン思考」経営

Design Thinking for Management

親しみやすさと品格を融合 九州デザインの底力に迫る

#1 可愛く分かりやすく 正直なものづくりを 正直な表現で伝える
——八頭司伝吉本舗「小城の昔 ひとくち」

"羊羹の里"とも言われる佐賀県小城市。八頭司伝吉本舗は、そこで大正10年から羊羹をつくり続けている老舗です。本店及び工場兼店舗を含め、県内に5店舗を構える同社。確かなものづくりはもちろんのこと、数十年前にCIを導入し、ブランディングに力を入れてきた企業でもあります。

主力商品である「昔ようかん」は、表面に砂糖の結晶ができる昔ながらの羊羹で、創業当時から変わらぬ独自の製法でつくられています。この「昔ようかん」を、もっと手軽に食べていただけないだろうかという発想から生まれた商品が「小城の昔 ひとくち」。私が手掛けたのは、そのサービス箱のデザインです。

時代に合わせた等身大のデザイン

時代とともに、過剰な包装よりも簡易的な包装が好まれるようになっています。その志向の変化に対応する箱をという依頼を受けました。さらに、1個ずつ飴玉のようにセロハンで巻いてあるという商品の特徴をビジュアルで表現してほしいとの要望もありました。手軽さを訴求しながらも、品のあるデザインを求められましたので、「品のある、可愛さ、手軽さ、親しみやすさ」を表現しようと試みました。

まず、「ひとくち」を可愛く分かりやすく伝えるため、「昔」という既存の筆文字ロゴに「ひとくち」をイメージさせる口のような曲線を組み合わせて、商品ロゴを作成しました。そのロゴのイメージに合わせ、親しみやすさを意識した手描きの商品イラストを作成し、落ち着きのある薄いグレーの背景に散りばめました。店頭で他の商品と並べられたときの調和も考慮しています。ふたを開けると、内側にも手描きの商品イラストが配されています。

「売れる」のその先までお手伝い

デザイン作業に入る前に、まずは現場を知ることから始めますので、店舗や工場の見学はもちろんのこと、食品であれば当然いただいた上で現状を把握します。そこから問題点を見つめ、解決策を考えます。企業であれ、商品であれ、自分たちが納得できるものであれば、お仕事をお引き受けするようにしています。"正直なもの"を"正直に伝える"ことを心掛けているんです。

正直なものづくりをしている方々は、儲けることだけを考えていません。おいしいお菓子を届けたい、そのお菓子をきっかけに、地元を訪れてほしい…そういう思いを持った地域の方々をお手伝いできることがうれしい。これは、地域でクリエイションに取り組むことの醍醐味だと思います。一つひとつの仕事を丁寧に行うことで、地域全体の魅力につながればと思いますし、デザインによって地域が幸せになると信じて活動しています。

古賀義孝 *Yoshitaka Koga*

光画デザイン アートディレクター、グラフィックデザイナー。佐賀県立有田工業高等学校デザイン科卒業。鈴木八朗氏に師事。2009年に独立。東京ADC年鑑（入選2回）、国東半島宇佐地域世界農業遺産シンボルマークコンペ最優秀賞、d design travel 佐賀号にグラフィックオブ佐賀として掲載、日本文教出版「高校美術2」教科書掲載（やさしいハンカチ展作品）など。

CLIENT'S VOICE

八頭司 勲 *Isao Yatoji*
八頭司伝吉本舗
専務取締役

お客さまの「おいしい」をいただくためのクリエイティブ

こだわりの味、演出装飾のパッケージ、そして販売の声。この3つで思いを伝えることが、お客さまからの信頼を高め、「おいしい」の言葉をいただける特別なブランドになっていくことだと考えます。

美しいだけでなく、その装飾に込められた意味・思いが強いと、それを見た人はいろいろな想像を膨らませます。その想像を私たちの思いで現実にしていただくために、クリエイティブは大切で、重要です。

CREATIVE WORK *in* KYUSHU

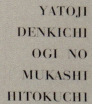

YATOJI
DENKICHI
OGI NO
MUKASHI
HITOKUCHI

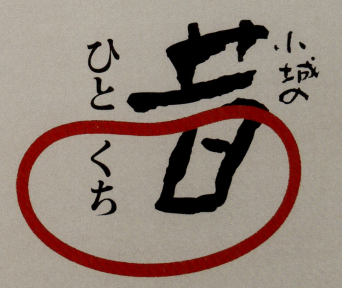

羊羹が1個ずつ飴玉のように
セロハンで巻いてある商品の
特徴を、イラストで表現した。

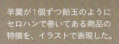

Management with Design Thinking

#2 歴史と品格に手軽さをプラス "手に届く"贅沢品
—— 小野原本店
「パスタオイル」「小分けシリーズ」

「からすみ」といえば高級品。そう思う方が多いのではないでしょうか。今回は、そんな既存の概念を打ち破り、長崎を代表する珍味・からすみの美味しさをより多くの方に知ってもらうことを目指したパッケージデザインを紹介したいと思います。

小野原本店は、「安政の大獄」の年、1859年から続く、長崎の老舗海産加工品店。主力商品のからすみとその加工品は、贈答品・高級食品としての認知度はとても高い一方、実際に食べたことがある人は少ないという実情がありました。

修学旅行生にも勧められる商品に

手頃な価格で楽しめて、日常の食卓にフィットする商品をつくり、新たなファンを開拓したい——そんなオリエンを受けて、「からすみパスタオイル」と「小分けシリーズ」のパッケージデザインに取り組みました。「からすみパスタオイル」は、オリーブオイルにからすみ・にんにく・唐辛子を加えたもの。ゆでたパスタに混ぜるだけの便利な商品です。「小分けシリーズ」は、「からすみスライス」「からすみそぼろ」「からすみ茶漬け」といった、からすみ加工品を食べきりサイズにしたもので、1000円でおつりがくる手に取りやすい商品。どちらも、小野原本店の品質はそのままに、修学旅行生や小家族を含め、あらゆる人に手に取ってもらえるよう、生み出されたものです。

デザインのヒントは150年の歴史

デザインするにあたって、特に気を付けたのは、小野原本店の長い歴史と雰囲気を壊さないことです。「和」のイメージが強いからすみですが、実は地中海沿岸発祥でイタリアンとの親和性が高い。ワインにもとてもよく合う食材なんです。でも、むやみに「洋」のテイストにすると、小野原本店ならではの良さを損ないかねない。軸足は、あくまでも「長崎のからすみ屋さんがつくる」商品であることに置き、小野原本店の歴史から生まれた商品というアイデンティティをデザインに込めようと考えました。お店を見学した際に見せていただいた、小野原本店の古い包装紙。その中にあった「小」をモチーフに、文化庁登録有形文化財である築90年余りのお店の外観もデザインに取り入れています。同じパターンで、リーフレットや包装紙にも展開しました。

「育っていく」デザイン

このように、仕事にあたっては、可能な限り現場を見学させていただくようにしています。そして、そのプロジェクトの責任者、あるいは社長とじっくり話せる環境があり、その思いをダイレクトに知ることができると、より良いアウトプットができると感じます。また、基本的にコンペには参加しません。話し合える信頼関係を築けてこそ、良い提案ができると思うからです。

小野原本店に関しては、担当の小野原善一郎さんと同世代ということもあり、打ち合わせのときには、「自分たち30代が地域に対してできることって？」「これからの長崎って…」といった話題におよぶこともしばしば。仕事を通じて、地元との関わり方を真剣に考えられるのも、ローカルで仕事をする醍醐味だと感じます。地域全体を盛り上げようというクライアントの意欲と心意気に引っ張られ、企画やデザインのアイデアが出てくると感じます。

ローカルでは、「消費」されるのではなく、地域に根付き、地元の人やそこを訪れた人に愛され、地域とともに「育っていく」デザインが求められることが多いと感じます。商品企画やブランディング、仕組みづくりなど、ビジネスの上流部分から関わりやすい点で、地域にはそういうデザインをつくりやすい環境があります。「ローカルだと、良い仕事はあまりないんじゃないの？」——そんなよくある質問には、「ここだからこそ、できる仕事がある」と胸を張って答えたいですね。

羽山潤一 *Junichi Hayama*

DEJIMAGRAPH デザイナー、アートディレクター。1977年生まれ。印刷会社、デザイン事務所を経て2011年 DEJIMAGRAPH 設立。九州ADCグランプリ、長崎デザインアワード大賞など。

CLIENT VOICE

小野原善一郎
Zenichiro Onohara
小野原本店　取締役店長

「×デザイン」でブランドの新しい一面を見せたい

地域に根差してきたぶん、「小野原本店はこういうブランド」という固定観念を持たれがち。そこに新しいデザインを取り入れることで、ブランドの「新しい一面」を見せられると感じています。羽山さんに依頼したきっかけの一つが、彼が過去に手掛けた「バラモン 五島手延うどん」のパッケージ。「うどんを、こんなふうに売っていいのか！」と驚き、羽山さんにお願いすれば、からすみのこれまでにない展開を生み出せるのではと考えました。

CREATIVE WORK in KYUSHU

小分けシリーズ（上）と、からすみパスタオイル（下）。小野原本店の古い包装紙にもプリントされているマークを取り入れている。

BRAIN SPECIAL EDITION | 145

「マーケティング」専門誌

基本から最新まで実務に役立つ情報を「理論」×「事例」で解説する

「マーケティング」の基本と最新をお届け！
年間定期購読のおすすめ

理論書を
読む時間の
ないあなたに。
体得できる、
マーケティング
の基本。

注目特集
地方創生とデジタルマーケティング
〈事例〉ヤッホーブルーイング／らでぃっしゅぼーや ほか…

好評シリーズ
・これだけは知っておきたいマーケティングの基本
・今、注目の手法＆用語
　アドベリフィケーション／コンテンツマーケティング／
　ファンコミュニティ／観光マーケティング ほか…

強力連載
・海外成長企業のデジタル活用
・マーケターが知っておきたい、未来志向の企業戦略
・地域老舗企業発「デザイン思考」経営
・人を動かす、世界の面白プロモーション
・経営者×クリエイターのアイデア会議

バックナンバー好評発売中！

『宣伝会議』別冊 『100万社のマーケティング』 季刊 2・5・8・11月発売　定価1300円（税込）　雑誌コード15612-

宣伝会議の書籍

「なぜ「戦略」で差がつくのか。」

P&G、ユニリーバ、資生堂などでマーケティング部門を指揮・育成してきた著者が、無意味に多用されがちな「戦略」という言葉を定義づけ、実践的な〈思考の道具〉として使えるようまとめた一冊。

音部大輔著／本体1800円+税／ISBN 978-4-88335-398-9

「シェアしたがる心理」

情報との出会いは「ググる」から「#タグる」へ。どのSNSとどのように向き合い運用をしていけばよいのか、情報環境を読み解く7つの視点、SNSを活用したキャンペーン事例などからひも解いて解説していきます。SNSに携わるすべての人、必見。

天野彬著／本体1800円+税／ISBN 978-4-88335-411-5

「逆境を「アイデア」に変える企画術」

逆境や制約こそ、最強のアイデアが生まれるチャンスです。関西の老舗遊園地「ひらかたパーク」をV字回復させた著者が、予算・時間・人手がない中で結果を出すための企画術を40の公式として紹介。発想力に磨きをかけたい人、必見。

河西智彦著／本体1800円+税／ISBN 978-4-38335-403-0

「その企画、もっと面白くできますよ。」

ビジネスにおける「面白い」とは何か。数々の大ヒットキャンペーンを手掛けた著者が、「心のツボ」を刺激する企画のつくり方を「面白い」をキーワードに解説。「人」と「世の中」を動かす企画を作りたいすべての人に。

中尾孝年著／本体1700円+税／ISBN 978-4-88335-402-3

宣伝会議のクリエイティブ関連講座

「偶然の120点」よりも「必然の90点」を量産する。
実務に活きるコピー力を養う

コピーライター養成講座上級コース

全25回 180,000円(税抜)　6月・11月開講

今よりもう一段階、自分を引き上げる。
今、この時代に求められるアートディレクションを学ぶ。

アートディレクター養成講座（ARTS）

全30回 160,000円(税抜)　8月開講

課題発見から具体的なアウトプットまで導くノウハウについて
稀代のクリエイティブディレクター陣がそれぞれの方法論で伝授

クリエイティブディレクション講座

全15回 130,000円(税抜)　8月・2月開講

CMでも映画でもない
"Web動画"をつくる唯一のコース

Web動画クリエイター養成講座

全20回 160,000円(税抜)　3月・9月開講

フォント・字詰め・文字組み・レイアウト…
クオリティに最も差が出るデザインの本質を磨き上げる

タイポグラフィ実践講座

全10回 92,500円(税抜)　5月・11月開講

お問い合わせ

宣伝会議　教育講座事務局
TEL：03-3475-3030
Email：info-educ@sendenkaigi.co.jp
※Webサイトにて、無料体験講座や説明会情報を随時更新
https://www.sendenkaigi.com/class/

ブレーン

ブレーン特別編集 合本
地域を変える、アイデアとクリエイティブ!読本

発行日	2017年12月1日 初版第1刷発行
編集	月刊『ブレーン』編集部
協力	『100万社のマーケティング』編集部
発行者	東 英弥
発行所	株式会社宣伝会議
	〒107-8550
	東京都港区南青山3-11-13
	TEL 03-3475-7660(編集)
	TEL 03-3475-7670(販売)

アートディレクション+デザイン　寄藤文平　浜名信次　Nicola Luk
印刷・製本 大日本印刷

ISBN：978-4-88335-422-1　C3002
@ 宣伝会議 2017
本誌掲載記事の無断転載を禁じます。
乱丁・落丁本はお取り替えいたします。

章扉アートディレクション+デザイン
・P4-5　森賢人
・P72-73　羽田純
・P94-95　飯塚悦子

記事出典一覧
・P4-5　月刊『ブレーン』2013年5月号
・P7-11,P14-15,P19-21,P47-49　月刊『ブレーン』2015年11月号
・P12-13,P16-17,P22-23,P31-33,P50-59,P72-73　月刊『ブレーン』2016年11月号
・P25-30,P34-37,P42-44,P62-71　月刊『ブレーン』2017年8月号
・P60-61,P90　月刊『ブレーン』2017年4月号
・P74　月刊『ブレーン』2015年9月号
・P75-76　月刊『ブレーン』2015年10月号
・P77　月刊『ブレーン』2015年12月号
・P78　月刊『ブレーン』2016年1月号
・P79　月刊『ブレーン』2016年2月号
・P80　月刊『ブレーン』2016年4月号
・P81　月刊『ブレーン』2016年6月号
・P82-83　月刊『ブレーン』2016年8月号
・P84　月刊『ブレーン』2016年9月号
・P85　月刊『ブレーン』2016年10月号
・P86　月刊『ブレーン』2016年12月号
・P87　月刊『ブレーン』2017年1月号
・P88　月刊『ブレーン』2017年2月号
・P89　月刊『ブレーン』2017年3月号
・P91-93　月刊『ブレーン』2017年6月号
・P94-95　月刊『ブレーン』2015年3月号
・P96-99,P134-137　「100万社のマーケティング」2014年12月号
・P100-103,P120-123　「100万社のマーケティング」2015年3月号
・P104-107,P142-145　「100万社のマーケティング」2015年6月号
・P108-111,P124-129　「100万社のマーケティング」2015年9月号
・P112-115,P130-133　「100万社のマーケティング」2015年12月号
・P116-119,P138-141　「100万社のマーケティング」2016年3月号

原則的に掲載当時のまま記載しておりますが、
合本化にあたり、社名・肩書を中心に一部修正を加えております。
ご了承ください。